Jörg Kupjetz

VERTRÄGE VERHANDELN

Jörg Kupjetz

VERTRÄGE VERHANDELN

Tipps und Wissen für den erfolgreichen Vertragsabschluss

REDLINE | VERLAG

Bibliografische Information der Deutschen Nationalbibliothek
Die Deutsche Nationalbibliothek verzeichnet diese Publikation in der Deutschen Nationalbibliografie. Detaillierte bibliografische Daten sind im Internet über http://dnb.d-nb.de abrufbar.

Für Fragen und Anregungen
info@redline-verlag.de

1. Auflage 2021

© 2021 by Redline Verlag, ein Imprint der Münchner Verlagsgruppe GmbH
Türkenstraße 89
D-80799 München
Tel.: 089 651285-0
Fax: 089 652096

Alle Rechte, insbesondere das Recht der Vervielfältigung und Verbreitung sowie der Übersetzung, vorbehalten. Kein Teil des Werkes darf in irgendeiner Form (durch Fotokopie, Mikrofilm oder ein anderes Verfahren) ohne schriftliche Genehmigung des Verlages reproduziert oder unter Verwendung elektronischer Systeme gespeichert, verarbeitet, vervielfältigt oder verbreitet werden.

Redaktion: Christiane Otto
Umschlaggestaltung: Marc Fischer
Umschlagabbildung: Stock-Asso/ Shutterstock
Satz: Helmut Schaffer, Hofheim a. Ts.
Druck: GGP Media GmbH, Pößneck
Printed in Germany

ISBN Print 978-3-86881-824-6
ISBN E-Book (PDF) 978-3-96267-273-7
ISBN E-Book (EPUB, Mobi) 978-3-96267-274-4

Weitere Informationen zum Verlag finden Sie unter

www.redline-verlag.de

Beachten Sie auch unsere weiteren Verlage unter www.m-vg.de

Für meine Familie

Inhalt

Vorwort – oder warum Sie dieses Buch unbedingt lesen sollten	9
Kapitel 1 – Vorbereitende Überlegungen	**13**
Vorbereitung ist nicht nur der halbe Erfolg	14
Eine Verhandlung beginnt bereits mit der ersten Kontaktaufnahme	15
Mit fünf Fragen zum Verhandlungserfolg	18
Erfolgreiches Verhandeln beginnt mit der richtigen Vorbereitung	29
Kapitel 2 – Die Interessen und Verhandlungsziele in einer Vertragsverhandlung	**31**
Die persönlichen Interessen für eine Vertragsverhandlung	32
Die wirtschaftlichen Ziele einer Vertragsverhandlung	36
Verhandlungsziele der verschiedenen Personengruppen	45
Kapitel 3 – Verhandeln auf Augenhöhe: Mittel und Wege, dies zu erreichen	**49**
»Ich brauche Gegner, keine Opfer«	50
Wenn der Aufbau der Beziehungsebene nicht funktioniert	64
Weitere Aspekte zum Verhandlungseinstieg	66
Kapitel 4 – Persönlichkeitstypen in Vertragsverhandlungen	**71**
Das DISG®-Modell	72
Die Motivationstypen	77
Weitere Verhandlungstypen	83
Kapitel 5 – Zusammensetzung des Verhandlungsteams und der richtige Verhandlungsort	**93**
Das richtige Team macht den Unterschied	94
Wer an der Vertragsverhandlung teilnehmen sollte	95
Die richtige Farbwahl des Teams	98
Frauen im männerdominierten Umfeld	100
Der Verhandlungsort	101
Rahmenbedingungen am Verhandlungsort	106

Kapitel 6 – Taktisch kluges Vorgehen in Verhandlungen — 111

Weshalb Sie zuerst wichtige Konditionen fordern sollten — 112
Andere sinnvolle Verhandlungstechniken, die zum Erfolg führen — 116
Weitere Verhandlungstaktiken — 128
Der richtige Mix sorgt für Erfolg — 130

Kapitel 7 – Verhalten in schwierigen Verhandlungssituationen — 131

Unfaire Verhandlungstaktiken — 132
Weitere unfaire Verhandlungstaktiken — 147
Abbruch von Vertragsverhandlungen — 150

Kapitel 8 – Vertragsinhalt und Grenzen der Vertragsgestaltung — 153

Mit Vertragsmythen aufräumen — 154
Was bei Vertragsbruch passiert — 154
Vertragsfreiheit — 155
Grenzen der Vertragsgestaltung — 157
Vorsicht bei Musterverträgen — 159
Den Vertrag selbst verfassen — 161
Ein Beispiel für einen Rohentwurf — 166

Kapitel 9 – Die Tücken der Allgemeinen Geschäftsbedingungen — 171

Was sind eigentlich Allgemeine Geschäftsbedingungen? — 172
Sind AGB verhandelbar? — 172
Sind »falsche« AGB wirklich so gefährlich? — 174
AGB gegenüber Unternehmern — 175
AGB gegenüber Verbrauchern — 176
Ein paar Tipps für Ihre AGB — 176

Kapitel 10 – Überblick über häufig in Verträgen benutzte Begriffe — 183

Schlussbemerkung — 199

Über den Autor — 201

Anmerkungen — 203

Stichwortverzeichnis — 205

Vorwort – oder warum Sie dieses Buch unbedingt lesen sollten

Bereits mein gesamtes Berufsleben lang beschäftige ich mich mit dem Thema Vertragsgestaltung. Als Jurist habe ich täglich mit der Formulierung von Vertragsdetails und der juristischen Begleitung von Vertragsverhandlungen zu tun. Inzwischen führte ich unzählige Verhandlungsgespräche, die nicht selten hitzig abliefen. Ich erlebte die unterschiedlichsten Verhandlungstypen und lernte vermutlich alle Fallstricke kennen, die bei Verträgen auftauchen können. Auf der anderen Seite des Verhandlungstisches saßen mir hochprofessionelle Verhandler gegenüber, aber auch jene, die vor Wut zu schreien begannen, oder Menschen, die ab einem bestimmten Punkt in sich zusammenbrachen, weil ihnen die Argumente fehlten, um eine bessere Verhandlungsposition zu erreichen.

Insbesondere mit zwei Dingen werde ich jedoch immer wieder konfrontiert: mit großer Unsicherheit, die durch fehlendes Wissen zur Vertragsgestaltung entsteht, und mit schlecht geplanten Vertragsverhandlungen.

Dieser Befund treibt mich schon seit einiger Zeit um, und ich möchte Ihnen mit diesem Buch nun ein »Best of Verhandlungstipps« an die Hand geben, da ich in meinen vorherigen Büchern diesen Bereich bisher nur am Rande gestreift habe. Das Buch ist ein »Universalratgeber«, dessen Tipps sich für Vertragsverhandlungen in

Unternehmen und auch für sämtliche private Situationen eignen, ganz gleich über welche Art von Vertrag verhandelt werden soll.

Der Buchmarkt scheint auf den ersten Blick geradezu überschwemmt von Büchern zu diesem Thema, doch die meisten davon wurden aus der Sicht von Verkäufern oder Verkaufstrainern verfasst. Mit diesem Werk möchte ich Ihnen jedoch die Sichtweise des Juristen anbieten, der tagtäglich vor die Herausforderung gestellt wird, die besten wirtschaftlichen Verhandlungsergebnisse für seine Mandanten zu erzielen.

Deshalb wird in diesem Buch ein breites Spektrum an Verhandlungsaspekten angeboten. Ganz gleich, ob Sie im Vertrieb oder im Einkauf eines Unternehmens arbeiten oder ob Sie als Privatperson ein Auto kaufen oder eine Immobilie erwerben möchten, in diesem Buch befinden sich eine Menge Tipps und Empfehlungen, wie Sie sich auf ein Verhandlungsgespräch vorbereiten, welche Verhandlungsstrategien erfolgsversprechend sind und wie Sie sich bei unfairen Verhandlungstaktiken der Gegenseite zur Wehr setzen können. Sie lernen, Ihre eigene Körpersprache einzusetzen, um von Beginn an eine positive Beziehungsebene aufzubauen, und welche Kommunikationstechniken in Verhandlungssituationen besonders hilfreich sind. Außerdem lernen Sie einige Verhandlungstypen kennen, damit Sie sich und Ihren Verhandlungspartner sofort richtig einschätzen können. Mit diesen Techniken, Tipps und Empfehlungen sind Sie zukünftig garantiert ausreichend vorbereitet, um bestmögliche Abschlüsse zu erzielen.

Dieses Buch beschränkt sich jedoch nicht lediglich auf Verhandlungsstrategien und -techniken, denn es geht noch einen Schritt weiter – und darin unterscheidet es sich von den vielen Büchern zu diesem Thema, die um die Gunst der Leser im Wettbewerb zueinanderstehen. Ich nehme Sie gewissermaßen auch an die Hand bei der Umsetzung des Verhandlungsergebnisses in Verträgen und führe Sie durch eine Vielzahl an Tücken, die dabei auf Sie lauern.

Dieses Buch führt somit vom Anfang bis zum Ende durch die Vertragsverhandlung und ist ein unverzichtbarer Begleiter durch die Welt der wirtschaftlichen und juristischen Verhandlung. Ich habe dabei darauf geachtet, juristische Sachverhalte für den Laien verständlich aufzuarbeiten und auch so wenig Paragraphen wie möglich zu zitieren. Sie werden also feststellen, sogar ein Jurist schafft es manchmal, allgemein verständlich zu formulieren.

Ganz gleich, ob Sie bereits ein erfahrener Verhandler oder ein Laie auf diesem Gebiet sind, Sie werden sich in diesem Buch sofort zurechtfinden.

Gegen Ende des Buches befindet sich außerdem eine Übersicht über die wichtigsten Begriffe aus der Vertragswelt und deren Bedeutung und Verhandelbarkeit. Damit nehme ich Ihnen bestimmt die Unsicherheit, die ich in vielen Vertragsverhandlungen bei meinen Verhandlungspartnern erkennen konnte. So kommen Sie künftig nicht mehr in die Verlegenheit, mit riesigen Fragezeichen vor einem Vertragswerk zu sitzen und kein Wort davon zu verstehen.

Übrigens richtet sich dieses Buch in seiner Anrede immer an Damen, Herren und sämtliche weitere Geschlechterformen gleichermaßen. Sämtliche Geschlechter im Buch zu integrieren stört den Lesefluss enorm, wie ich finde, daher habe ich darauf verzichtet, die unterschiedlichen Formen stets im gleichen Satz zu benennen.

Ich wünsche Ihnen nun viele erkenntnisreiche Stunden mit diesem Buch und künftig erfolgreiche Verhandlungsgespräche.

Ihr

Jörg Kupjetz

KAPITEL 1

Vorbereitende Überlegungen

Einer meiner Mandanten arbeitete im Vorstand eines großen Unternehmens, besaß über 20 Jahre Berufserfahrung und galt in seinem Umfeld als ausgebuffter Verhandlungspartner. Die Unternehmensgruppe, für die er tätig war, beschäftigte sich mit Immobilien, das heißt mit dem Ankauf, der Renovierung und anschließend der Vermietung von großen Immobilienbeständen. Bei größeren Projekten, also etwa dem Ankauf von Objekten ab einem mittleren zweistelligen Millionenbetrag, nahm Theodor Boss – so nenne ich ihn an dieser Stelle – persönlich an Verhandlungsgesprächen teil. Das erste Mal traf ich ihn direkt in einem Verhandlungstermin, an dem ich als beratender Anwalt teilnahm. Bis zu diesem Zeitpunkt tauschten wir uns ausschließlich telefonisch oder über E-Mail aus.

Theodor Boss kam als Letzter zum angesetzten Termin, an dem sechs Personen teilnahmen, darunter sein Verkaufsleiter sowie der Geschäftsführer der gegnerischen* Partei mit einem weiteren Mitarbeiter und ebenfalls einem Anwalt. Boss telefonierte noch schnell zu Ende, begrüßte alle Anwesenden ausgesprochen freundlich,

---

* Oft spricht man vom Gegner, auch hier in diesem Buch an manchen Stellen. Dabei wird natürlich schon direkt der Eindruck erweckt, dass man auf einem Kampffeld tätig ist. Besser wäre es, vom Verhandlungspartner zu sprechen.

setzte sich hin und schlug den vorbereiteten Vertragsentwurf auf, den ich ihm vorsorglich auf seinem Platz bereitgelegt hatte. Seine einleitenden Worte werde ich nie vergessen: »Dann wollen wir mal sehen, was hier so alles drinsteht.« Er sagte es nicht einfach so, er meinte es todernst. Dann überflog er in den nächsten – gefühlt – zwei Stunden einige Seiten und lehnte sich anschließend zurück. Natürlich dauerte der Vorgang nicht länger als vielleicht zehn Minuten, doch in dieser Zeit herrschte weitgehend Schweigen, begleitet von verdutzten Blickwechseln auf der Gegenseite. Einzig der Anwalt der Gegenseite entspannte sich sichtlich und warf mir einige Male ein vielsagendes Grinsen herüber. Sie kennen sicherlich dieses Siegerlächeln, das Ihnen jemand zuwirft, der mit hoher Zuversicht weiß, dass er dieses Spiel schon so gut wie in der Tasche hat. Mir wurde gleichzeitig immer unwohler, denn ich wusste, dass diese Verhandlungsrunde für uns bestenfalls sinnlos war und im schlechtesten Fall die gesamte Vertragsverhandlung um ein gutes Stück verlängert würde. Zusätzlich wusste ich, dass es für mich nun um Schadensbegrenzung ging, denn Theodor Boss war nicht nur ein vielbeschäftigter Mann mit einer engen Bindung zu seinem Mobiltelefon, sondern auch ein tendenziell ungeduldiger Mensch, der schnelle Ergebnisse einforderte.

Vorbereitung ist nicht nur der halbe Erfolg

Ganz gleich, aus welchem Grund sie Verhandlungen führen, sei es für Ihr Unternehmen im Ein- oder Verkauf oder weil Sie als Privatperson die Anschaffung eines neuen Fahrzeuges planen oder ein Haus kaufen: Es gibt zwei Prinzipien, die Sie niemals – und damit meine ich unter keinen Umständen – vernachlässigen sollten:

1. Eine Verhandlung beginnt bereits bei der ersten Kontaktaufnahme (sei es per Telefon, E-Mail, persönlich oder in welcher Form auch immer).

2. Bereiten Sie sich immer bestmöglich auf bevorstehende Verhandlungsgespräche vor.

Theodor Boss verletzte gleich beide Punkte in beeindruckender Weise. Ich wurde Zeuge davon, dass er tatsächlich keine Ahnung hatte, was im Vertragsentwurf stand, und anschließend erfuhr ich von seinem Mitarbeiter, der sich während der ganzen Verhandlung beinahe die Haut vom linken Zeigefinger kratzte, dass er vor Beginn dieser Verhandlungsrunde keine Chance bekam, seinen Chef über den aktuellen Stand zu informieren. Glücklicherweise konnte er seine Nervosität vor unseren Verhandlungspartnern weitgehend verbergen, da er seinen Finger ausschließlich unter dem Besprechungstisch malträtierte.

Selbstverständlich ist Theodor Boss kein Einzelfall. Nach meiner Erfahrung gehen die meisten Menschen weitgehend unvorbereitet in eine Verhandlung. Damit meine ich keine Privatpersonen, die sich im Outlet ein paar neue T-Shirt kaufen wollen (wobei auch diese mit guter Vorbereitung in den Kauf gehen können, doch dazu später mehr). Ich habe oft genug erfahrene Verhandler erlebt, Vollprofis, die über gewaltige finanzielle Volumen verhandelten, und das alles ohne ausreichende Vorbereitung. Zunächst einmal widmen wir uns jedoch der ersten Kontaktaufnahme.

Eine Verhandlung beginnt bereits mit der ersten Kontaktaufnahme

Dieser Grundsatz wird fast immer vernachlässigt: Sobald Sie mit einem möglichen Verhandlungspartner in Kontakt treten, sollten Sie sich bereits gut überlegen, was Sie sagen. Etwaige Zugeständnisse oder Forderungen, die in diesem ersten Austausch formuliert werden, können im weiteren Verlauf einer Verhandlungssituation

Vorbereitende Überlegungen

als bindend betrachtet werden, auch wenn rechtlich eine bloße Absichtsbekundung hier noch nicht ausreicht, um den Abschluss eines Vertrages zu bejahen. Sie geben aber die Richtung der Verhandlung vor, für die immer Angebot und Annahme benötigt werden. Wenn eine zuvor formulierte Zusage an späterer Stelle wieder zurückgenommen wird, kann das zu einer nicht zu verachtenden Delle im gegenseitigen Vertrauen führen. Auf der anderen Seite kann sich eine Forderung, die Sie zu früh formuliert haben, im weiteren Verhandlungsverlauf als zu gering erweisen. Diese dann zu erhöhen wird in vielen Fällen schwierig werden.

Dazu ein Beispiel: Sie wollen sich privat ein gebrauchtes Auto kaufen und haben einen Privatanbieter gefunden, der einen fantastischen, knallroten Porsche mit schwarzem Stoffdach anbietet. Die Beschreibung liest sich wie aus dem Verkaufsprospekt und spricht von einem Bestzustand, von Erstbesitz, garagengepflegt, mit allerhand Extras, und noch dazu wird dieses Schmuckstück vollgetankt übergeben. Sie rufen den Anbieter an und versuchen dabei geschickt, Ihre Begeisterung zu unterdrücken. Im Laufe dieses Gespräches erwähnt der Verkäufer, dass sich bereits drei andere Personen für dieses Schmuckstück schwäbischer Handwerkskunst interessieren. Während Sie sich noch vor einer Sekunde in Gedanken bereits mit Ihrem neu gekauften Cabrio auf der lokalen Flaniermeile haben fahren sehen und Ihnen dabei das Leben ein Lächeln schenkte, ist dieser Traum nun wie eine Seifenblase zerplatzt. Schließlich schwindet mit jedem weiteren Interessenten die Chance auf diesen motorbetriebenen Traum in knallrot. Sie sagen daher dem Anbieter, dass Sie dieses Auto gerne besichtigen wollen und auch bereit sind, den angegebenen Preis zu bezahlen. Schließlich stehen Sie dann endlich vor dem Porsche, und mit einem Schlag wird Ihnen bewusst, welche sagenhaften Möglichkeiten moderne Bildbearbeitungsprogramme besitzen, denn auf den Fotos im Internet sah alles doch um einen Hauch attraktiver aus. Die knallrote Farbe wirkte jetzt nicht mehr wie direkt vom Fließband, sondern eher etwas ausgeblichen. Das kam vermutlich davon, dass zwar eine Garage existiert, doch darin stehen sämtliche Gerätschaften für den Garten, weshalb ein Auto darin nie und nimmer Platz findet. Die Innenausstattung ist zwar gut in Schuss, doch speziell auf der Beifahrerseite zeigen sich einige Gebrauchsspuren. Der Verkäufer erklärt Ihnen, dass der minimale Abrieb an der Beifahrertüre von Bellos ungestümen Verhalten kommt, als dieser noch ein Welpe war. Bei Bello handelt es sich um einen riesigen Bernhardiner, der problemlos einen Wohnwagen ausfüllen könnte. Dass dieser Porsche Bellos ungestümes Verhalten überhaupt überleben konnte, spricht sogar noch für seine Robustheit. Trotzdem möchten Sie dieses Auto haben, doch nicht für den angegebenen Preis.

Durch Ihre verfrühte Zusage wird es Ihnen garantiert schwerfallen, einen niedrigeren Preis durchzusetzen. Selbst wenn Sie einen Nachlass verhandeln können, bezahlen Sie mit hoher Wahrscheinlichkeit mehr, als er tatsächlich wert ist. Wenn Ihr Einstiegsangebot zu hoch angesetzt ist, verlieren Sie schlichtweg Ihre Glaubwürdigkeit, wenn Sie anschließend versuchen, den Preis später doch noch zu sehr zu drücken.

Diese Aussage gilt freilich nur für den europäischen Raum, in vielen orientalischen und in manchen asiatischen Ländern gehört es einfach zum guten Ton, mit hoher Leidenschaft zu feilschen und damit den potenziellen Vertragspartner von seiner bewusst unrealistisch hohen Preisforderung wieder »herunterzuholen«.

Gehen Sie deshalb immer mit der richtigen Einstellung in sämtliche Gespräche, die sich zu einer Verhandlungssituation entwickeln können. Mit anderen Worten: Verhandlung findet immer statt und beginnt mit der ersten Kontaktaufnahme. Überlegen Sie daher stets, was Sie sagen, und bleiben Sie vor allem zu Beginn besser etwas vage, statt zu früh konkrete Zusagen zu formulieren.

Vorbereitende Überlegungen

Mit fünf Fragen zum Verhandlungserfolg

Von Verhandlungsprofis höre ich oftmals, dass eine bestmögliche Vorbereitung auf eine Preisverhandlung im Vorfeld in Kombination mit dem richtigen Taktieren den halben Verhandlungserfolg darstellen.* Diese Aussage teile ich nicht uneingeschränkt, denn nach meiner Erfahrung ist es weit mehr als das. Wenn beide Punkte richtig durchgeführt wurden, dann machen sie sogar 80 Prozent des späteren Erfolges aus.

Eine ideale Vorbereitung beantwortet Ihnen folgende Fragen:

1. Wer ist mein Verhandlungspartner?
2. Wie gestaltet sich das Marktumfeld?
3. Welche Fragen, Argumenten und Einwände tauchen möglicherweise auf?
4. Was sind meine Vertragsziele, und unter welchen Bedingungen steige ich aus der Verhandlung aus?
5. Wie geht es nach Verhandlungsende weiter?

Je ausführlicher Sie diese Fragen beantworten können, umso erfolgreicher wird Ihr Verhandlungsgespräch verlaufen, ganz gleich, ob es sich dabei um eine Preisverhandlung oder um eine Gehaltsverhandlung handelt. Das gilt auch vollkommen unabhängig davon, ob Sie als Privatperson agieren, oder als Selbstständiger, Angestellter eines Unternehmens, als Freiberufler und so weiter. Dieser Einstieg in Verhandlungen verschafft Ihnen somit eine grundsätzlich bessere Ausgangsbasis mit möglicherweise unschätzbaren Vorteilen gegenüber Ihrem Verhandlungspartner.

---

* Die zweite Hälfte des Verhandlungserfolges entfällt nach Ansicht dieser Experten auf die (auch hier später noch erläuterten) Faktoren Verhandlungstechnik, Beharrlichkeit, Einfühlungsvermögen und Know-how in Bezug auf Markt und Wettbewerb.

Es genügt jedoch nicht, diese fünf Fragen in möglichst kurzer Zeit zu beantworten, denn oberflächliche Erkenntnisse bringen Sie da nicht weiter. Ganz im Gegenteil: Sie sollten versuchen, möglichst umfangreiche und detaillierte Antworten herauszuarbeiten. Nur dann sichern Sie sich eine gute Ausgangsbasis.

1. Frage: Wer ist mein Verhandlungspartner?

Versuchen Sie zunächst einmal, alles über Ihren Verhandlungspartner herauszufinden, beziehungsweise über sämtliche Verhandlungspartner, wenn Sie mit mehreren Personen verhandeln. Sie führen also ein »Profiling« durch, wie es auf Neudeutsch genannt wird.

Falls es sich bei Ihrem Gegenüber um ein Unternehmen handelt, dann widmen Sie sich zuerst der Internetseite. Meist finden Sie dort Informationen über den Eigentümer oder den Geschäftsführer, den Sitz der Gesellschaft, die Größe des Unternehmens und vieles mehr.

Auch die Größe und die Rechtsform eines Unternehmens kann ein interessanter Hinweis für Sie sein. Beispielsweise kann es durchaus einen Unterschied in den Verhandlungen ausmachen, wenn es sich beim Verhandlungspartner um einen Ein-Mann-Betrieb handelt oder um einen multinationalen Konzern mit 10.000 Mitarbeitern.

Wenn Sie Ihren Verhandlungspartner bereits kennen – oder zumindest wissen, um wen es sich handelt –, dann empfehle ich Ihnen, Recherchen in den sozialen Medien durchzuführen. Da es inzwischen beinahe schon zum guten Ton gehört, dass wir so ziemlich alles über unser Privatleben ausplaudern, indem wir alles Mögliche auf Facebook, Instagram und Co. veröffentlichen, kann es durchaus sein, dass Sie eine Menge über Ihren Verhandlungspartner herausfinden. Was ist er für ein Mensch? Ist er eher von geselliger Natur oder tendenziell ein kühl wirkender Roboter in menschlicher Hülle? Postet er also reihenweise Partybilder mit sich selbst im Zentrum, oder finden Sie über Ihn nur seine veröffentlichten Beschwerdeschreiben an sämtliche Unternehmen auf diesem Planeten?

Je mehr Sie über Ihren Verhandlungspartner herausfinden, umso besser können Sie ihn einschätzen und Annahmen treffen, worauf er in Verhandlungen möglicherweise Wert legen wird und wie er in bestimmten Situationen reagiert. Wie Sie Ihre Gesprächspartner einschätzen können, wird im Verlauf dieses Buches noch vorgestellt. Nur so viel an dieser Stelle: Eine solide Analyse Ihres Gegenübers ist erst durch ein entsprechendes Profiling möglich.

2. Frage: Wie gestaltet sich das Marktumfeld?

Hinter dieser Frage verbergen sich Antworten auf die Konkurrenzsituation, auf die Preisgestaltung, auf mögliche Verhandlungsspielräume. Wenn Sie ein Produkt verkaufen wollen und sich damit im Wettbewerb mit einer Vielzahl von weiteren Anbietern befinden, die so ziemlich das gleiche Produkt vertreiben, dann werden Sie vermutlich einen anderen Preis kalkulieren müssen, als wenn Sie eine Monopolstellung haben und Ihr Produkt oder Ihre Dienstleistung fast einmalig am Markt ist und gleichzeitig eine Nachfrage danach besteht. Als das Medienunternehmen Sky Deutschland 2009 sein Angebot startete, betrat es zumindest in Deutschland, Österreich und der Schweiz Neuland. Damals konnte sich so gut wie niemand vorstellen, neben der öffentlich-rechtlichen Gebühr etwas fürs Fernsehen bezahlen zu müssen. Trotzdem entstand schnell großes Interesse an Filmen und Sportübertragungen in HD-Qualität und das ohne ständige Werbeunterbrechungen. Entsprechend hochpreisig gestaltete sich auch das Monatsabo. Als dann einige Jahre später die ersten Wettbewerber auf den Markt kamen, begann die Talfahrt, und die Kosten reduzierten sich für Neukunden von Sky spürbar. Während zu Beginn ein derartiges Monatsabonnement bei teilweise fast 60 Euro lag, bieten aktuell »TV-on-Demand«-Anbieter wie Netflix, Google oder Amazon Monatspreise von 10 Euro oder weniger an. Aus dem Monopol wurde zunächst ein Oligopol* mit der Tendenz zu einem immer breiteren Markt mit austauschbaren Spielern.

Wenn Sie als Privatanbieter beispielsweise eine Immobilie verkaufen möchten, dann kann eine Prüfung des Marktumfeldes helfen, den richtigen Verkaufspreis anzusetzen. Es hilft Ihnen nichts, wenn wohlwollende Freunde und Bekannte Ihr Schmuckstück von Haus auf eine halbe Million Euro schätzen, aber ein Blick auf das Immobilienportal Ihrer Wahl Ihnen die ernüchternde Erkenntnis offenbart, dass sämtliche vergleichbare Häuser in Ihrer Umgebung mit maximal 300.000 Euro angeboten werden. In einer derartigen Situation könnte Ihnen vielleicht nur noch eine sagenhafte Innenausstattung, die an König Midas' Palast erinnert, helfen, Ihren Wunschpreis zu bekommen. Selbst wenn Ihr Traumhaus nur so von Gold glänzt, ist es noch lange nicht gesagt, dass ein möglicher Interessent Ihren Einrichtungsgeschmack teilt und dafür 200.000 Euro mehr ausgeben möchte.

Prüfen Sie daher Ihr Angebot mit vergleichbaren Produkten oder Dienstleistungen. Achten Sie dabei auch auf besondere Vorteile, die Sie im Vergleich zu anderen anbieten können, denn das kann sich positiv auf den Preis auswirken. Das Gleiche gilt natürlich auch für den Fall, wenn Sie auf der Käuferseite stehen. Gibt es vergleichbare Produkte und Dienstleistungen? Falls ja, in welcher Preisspanne wird das von Ihnen gesuchte Produkt angeboten? Da der Kaufpreis immer nur einen Teil des gesamten Wertes darstellt, sollten Sie auch auf andere Aspekte achten, die für Sie von Bedeutung sein können. Dazu zählen Lieferzeiten, Garantien, Serviceleistungen, die Erfahrungen des Anbieters und natürlich die

---

* Als Oligopol wird ein Markt verstanden, der von wenigen, jedoch großen Unternehmen beherrscht wird.

Produktqualität selbst und das Wissen, was das jeweilige Angebot überhaupt beinhaltet. So könnte etwa ein bestimmtes Fahrzeug von verschiedenen Händlern zum gleichen Preis angeboten werden. Doch wenn einer dieser Fahrzeughändler dieses Auto mit einigen zusätzlichen Extras und sogar noch einer verlängerten Garantie anbietet, werden Sie vermutlich dieses Angebot favorisieren, richtig?

Als Käufer beziehungsweise als Interessent können Sie bei einem stark umkämpften Marktumfeld normalerweise davon ausgehen, einen attraktiven Preis oder bessere Konditionen aushandeln zu können. Sollte das von Ihnen gewünschte Produkt nur bei sehr wenigen anderen Anbietern erhältlich sein – oder muss es individuell an Ihre Bedürfnisse angepasst werden –, dann liegt der Verhandlungsvorteil vermutlich beim Anbieter. Und beachten Sie bitte: Das Marktumfeld kann sich im Laufe der Jahre wandeln, denken Sie nur an das weiter oben erwähnte Beispiel vom Pay-TV.

3. Frage: Welche Fragen, Argumente und Einwände tauchen möglicherweise auf?

Es empfiehlt sich grundsätzlich, sich in den künftigen Verhandlungspartner hineinzuversetzen. Warum verkauft er sein Produkt? Geht es ihm ausschließlich darum, Geld damit zu verdienen? Oder besteht zusätzlich ein gewisser Lagerdruck, und er muss schlicht Ware loswerden? Kann es sein, dass Ihr Unternehmen eventuell ein wichtiger Referenzkunde sein könnte und deshalb eine Zusammenarbeit mit Ihnen angestrebt wird?

Je genauer Sie die möglichen Beweggründe der Verhandlungspartei kennen, umso besser können Sie Ihre Verhandlungsstrategie darauf abstimmen. Das betrifft gleichzeitig auch die eigenen Beweggründe sowie jene Ihres Arbeitgebers, falls Sie für ein Unternehmen Vertragsverhandlungen durchführen. Im nächsten Kapitel widme ich mich diesem Thema noch ausführlich.

Im Zuge dessen sollten Sie sich auf die wahrscheinlichsten Fragen vorbereiten, die man Ihnen stellen wird.

Anschließend formulieren Sie überzeugende Antworten und Argumente, die für Ihr Produkt oder Ihre Dienstleistung sprechen. Vergessen Sie dabei nicht, sich zusätzlich auf die darauffolgenden Gegenargumente vorzubereiten. Das klingt schon fast nach einem auswendig zu lernenden Theaterstück; aber oft ist es auch so!

PROFITIPP:

Als Faustregel gilt dabei: Auf Einwände, die mit 80-prozentiger Wahrscheinlichkeit aufkommen, sollten Sie zumindest vorbereitet sein. Natürlich arbeiten Sie dazu auch die entsprechenden Antworten und Gegenantworten aus.

Wir kaufen Produkte oder Dienstleistungen immer nur dann, wenn sie entweder ein Problem lösen, das uns beschäftigt, oder wenn sie ein Bedürfnis befriedigen.[1]

- Lösen Sie die Probleme oder Bedürfnisse Ihres Verhandlungspartners.
- Bedenken Sie bitte bei der Ausarbeitung der passenden Argumente und Antworten, dass diese immer Ihr Produkt beziehungsweise Ihre Dienstleistung in den Mittelpunkt stellen. Außerdem sollen sie stets eine Lösung für ein Problem oder ein Bedürfnis Ihres Verhandlungspartners darstellen.

Dazu ein Beispiel: Angenommen, Sie leben zur Miete, und Ihnen wurde soeben der Mietvertrag gekündigt. Das bedeutet, in spätestens drei Monaten müssen Sie aus Ihrer jetzigen Wohnung raus. Nehmen wir zusätzlich an, Sie leben und arbeiten in München, also einer Stadt, die nicht unbedingt für einen Wohnungsüberschuss bekannt ist. Sie haben also ein ausgewachsenes Problem. Vermutlich sind Sie in dieser Situation bereit, auch eine kleinere und vermutlich auch etwas teurere Wohnung als Ihre aktuelle Bleibe zu akzeptieren. Die andere Alternative wäre, eine längere Wohnungssuche einzuplanen, doch dafür fehlt Ihnen die Zeit. Grundsätzlich können wir uns merken, dass wir – und unsere Verhandlungspartner – bei einer (schnellen und endgültigen) Lösung Ihres Problems eher dazu bereit sind, höhere Preise oder Einschränkungen im Leistungsumfang in Kauf zu nehmen.

Ein anderes Beispiel: Stellen Sie sich jetzt bitte vor, Sie spazieren durch ein Outlet, das aktuell fantastische Rabatte anbietet. (Nebenbei erwähnt ist mir persönlich kein Outlet bekannt, das nicht ganzjährig fantastische Rabatte anbietet.) Sie sehen plötzlich diese unglaublich tolle Jacke. Sie überlegen kurz, ob Sie dieses Kleidungsstück tatsächlich benötigen, und der vernünftige Teil in Ihnen schüttelt dabei energisch den Kopf. Trotzdem gehen Sie in den Laden und probieren die Jacke an. Sie sitzt wie angegossen, doch der Preis erscheint Ihnen zu hoch, trotz der fantastischen Rabatte. Sie beginnen daher mit dem Verkäufer zu handeln, und er steigt schließlich auf Ihren Preisvorschlag ein. Damit war er auch gut beraten, denn wäre er standhaft geblieben, hätten Sie vermutlich das Geschäft mit leeren Händen wieder verlassen. In diesem Beispiel handelt es sich lediglich um ein Bedürfnis, das Sie befriedigen wollen – nämlich, ein Kleidungsstück zu kaufen, ohne es jedoch wirklich zu benötigen. In solchen Fällen gehen wir viel weniger Kompromisse ein, sind weniger zu Preisabschlägen bereit, und wir haben für unsere Entscheidung auch viel mehr Zeit. Nehmen wir einmal an, Sie wären bei Ihrem Outlet-Besuch lediglich mit einem T-Shirt bekleidet gewesen. Ein Unwetter zieht auf, und die Temperatur sinkt auf unfassbare minus zehn Grad innerhalb von wenigen Minuten. Ich garantiere Ihnen, Sie hätten für eine wärmende Jacke in diesem Moment beinahe jeden Preis gezahlt, nur um nicht einem plötzlichen Erfrierungstod (das wäre dann wieder ein Problem) zum Opfer zu fallen.

Wenn Sie Ihre Fragen, Antworten und Argumente erarbeiten, überlegen Sie daher stets, ob Sie – und auch die Gegenseite – ein Problem lösen oder ein Bedürfnis befriedigen wollen. Je nachdem, auf welcher Seite Sie sich befinden – als Käufer oder als Verkäufer – entsteht natürlich eine unterschiedliche Erwartungshaltung. Wenn Sie beispielsweise den knallroten Porsche kaufen wollen, dann wird die Verhandlung anders ablaufen, als wenn Sie dieses Auto nicht unbedingt benötigen. Wenn Sie herausfinden, dass der Verkäufer des Fahrzeuges dringend Geld benötigt – etwa, weil Sie bemerken, dass im Kleinanzeigenmarkt unzählige Angebote von ihm eingestellt wurden und er scheinbar sein ganzes Eigentum verkauft – werden Sie garantiert einen besseren Preis herausschlagen können. Schließlich hat er vermutlich ein Problem, das er lösen muss, und das kann für Sie (mit nur einem Bedürfnis) einen Vorteil bedeuten.

4. Frage: Was sind meine Vertragsziele, und unter welchen Bedingungen steige ich aus der Verhandlung aus?

Definieren Sie für sich klar Ihre Verhandlungsziele. Damit ist das aus Ihrer Sicht ideale Verhandlungsergebnis gemeint, dass Sie anstreben. Dabei kann es sich beispielsweise um einen bestimmten Preis handeln, vielleicht in Verbindung mit klar definierten Rahmenbedingungen wie speziellen Ausstattungsmerkmalen, ein zuvor überlegter Serviceumfang und vieles mehr. Eventuell kann das Vertragsziel – in einer schwierigen wirtschaftlichen Lage – darin bestehen, einen Vertragsabschluss um beinahe jeden Preis zu erzielen.

Wenn Sie Ihre Ziele definieren, dann achten Sie darauf, diese so klar und eindeutig wie möglich zu formulieren und unbedingt schriftlich festzuhalten. Je nach Verhandlungssituation kann es sich dabei um sehr konkrete Ziele handeln. Manchmal genügt auch eine bestimmte Bandbreite, die nicht unter- oder überschritten werden sollte, beispielsweise eine Preisspanne. Die Erfahrung zeigt: Zu eng gefasste Ziele (»Ich verkaufe das Auto nur für 20.000 Euro«) führen meist zu keinem Verhandlungsergebnis.

Definieren Sie dabei auch immer Kriterien, unter oder über denen es sich nicht mehr lohnt, das Verhandlungsgespräch fortzuführen. Zu diesen Kriterien zählt so gut wie immer ein Preis, der nicht unter- oder überschritten werden darf, abhängig davon, auf welcher Seite man sich befindet. Dann sollten Sie sich noch eine Menge weiterer Punkte überlegen, ab wann es für Sie keinen Sinn mehr macht, die Verhandlung fortzuführen. Das können die Überschreitung einer Lieferzeit, bestimmte Ausstattungsmerkmale oder auch Serviceleistungen sein, die unbedingt vorhanden sein müssen. Auf diese Weise definieren Sie Ihre »Exit-Liste«, also wann für Sie die »rote Linie« überschritten wird.

Ich empfehle Ihnen, auch diese Liste vor der Verhandlung schriftlich zu verfassen und immer bei Ihren Verhandlungsgesprächen mitzuführen.

Die Erfahrung zeigt, dass wir unter Druck eher bereit sind, Zugeständnisse zu machen und dann mit schlechteren Verhandlungsergebnissen nach Hause gehen, als wir eigentlich wollten. Wenn Sie Ihre Liste, die nicht länger als eine DIN-A4-Seite sein sollte, griffbereit halten, um notfalls einen Blick darauf zu werfen, laufen Sie nicht Gefahr, unter Ihre Schmerzgrenze zu gehen. Anders ausgedrückt: Sie haben dann die Leitpfosten gesetzt und werden nicht mehr so schnell den zuvor festgelegten Weg verlassen.

Definieren Sie Ihre Verhandlungsziele und Ihre Exit-Liste immer nach klar messbaren Kriterien. So wäre das Ziel »Den besten Preis erzielen« viel zu schwach formuliert. Eine bessere Zielformulierung ist: »Den in der konkreten Situation realistischen Preis erzielen.« Sind es 1.000 Euro oder 50.000 Euro oder sogar eine Million Euro? Das liegt natürlich auch an Ihrer persönlichen Schmerzgrenze, ab wann eine Verhandlung keinen Sinn mehr ergibt.

Wenn Sie beispielsweise eine Immobilie verkaufen möchten, wie weit lassen Sie sich dann herunterhandeln? Sagen wir, Ihre Grenze liegt bei 300.000 Euro. Prüfen Sie dann auch, ob es sich dabei tatsächlich um Ihre Schmerzgrenze handelt. Spielen Sie dazu am besten in Gedanken ein paar unterschiedliche Szenarien durch. Nehmen wir an, der potenzielle Käufer Ihres Hauses bietet Ihnen 295.000 Euro an, mit dem zusätzlichen Angebot, den Keller und die Garage vollständig zu entrümpeln. Wie gehen Sie damit um? Würden Sie dann für diesen Betrag verkaufen? Falls ja, dann liegt dort Ihre Schmerzgrenze – oder vielleicht sogar noch darunter.

Je genauer Sie Ihr Verhandlungsziel und Ihre Exit-Liste definieren, umso besser wird das Ergebnis für Sie ausfallen. An dieser Stelle ist es wichtig, dass Sie diese Liste fix definieren und nicht immer wieder an die Verhandlungssituation anpassen. Falls Sie dennoch Änderungen vornehmen, sollten Sie diese stets gut begründen können. Im nächsten Kapitel wird auf diese Themen noch näher eingegangen.

Der zu Beginn dieses Kapitels erwähnte Theodor Boss, der Vorstand des Immobilienkonzerns, den ich als Anwalt vertrat, besaß weder eine Exit-Liste noch klar definierte Ziele. Wir brachen übrigens die beschriebene Verhandlungsrunde ab und vereinbarten einen neuen Termin. Im Rahmen der Nachbesprechung mit meinem

Mandanten und seinem Verkaufsleiter sagte mir Boss, sein Verhandlungsziel sei, die Immobilie »unter dem aktuellen Marktwert« zu kaufen. Exit-Szenario gab es keines. Da verließe er sich »auf sein Bauchgefühl«, wie er mir sagte, und Boss fügte hinzu, dass es ihn noch nie getäuscht habe. Das mag sicherlich stimmen, und im Einzelfall können Verhandlungsprofis damit auch tatsächlich erfolgreich agieren. Doch empfehlen kann ich diese Vorgehensweise niemanden, denn sobald man auch auf einen ausgebufften Profi auf der Gegenseite trifft, kann dieser Schuss schnell mal nach hinten losgehen.

5. Frage: Wie geht es nach Verhandlungsende weiter?

Irgendwann kommt es entweder zum Vertragsabschluss oder zum endgültigen Abbruch der Verhandlung. Hier ist es wichtig, stets bis zum Ende respektvoll miteinander umzugehen. Das Ziel sollte sein, dass sich beide Verhandlungsparteien auch nach Abschluss der Gespräche noch in die Augen sehen können. Idealerweise kommen beide Parteien zur Einsicht, mit dem jeweiligen Verhandlungspartner auch künftig jederzeit wieder zusammenarbeiten zu wollen. Selbst wenn derartige Gespräche ergebnislos abgebrochen werden, bedeutet es nicht, dass die Beziehung zueinander gleichzeitig zerrüttet sein muss. Ich habe es häufig erlebt, dass eine oder mehrere Forderungen nicht erfüllt werden konnten und dadurch sogar teilweise umfangreiche Verhandlungen schließlich (friedlich) abgebrochen wurden. Nach einiger Zeit ergaben sich neue Möglichkeiten, und diese Verhandlungen führten schließlich zu einem Vertrag.

Damit eine derartige Situation entsteht, ist es wichtig, dass beide Seiten einen Verhandlungserfolg erzielen. Das bedeutet, wenn Sie Ihren Verhandlungspartner in Grund und Boden feilschen – vielleicht, weil Sie wissen, dieser muss ein Problem lösen und nicht lediglich ein Bedürfnis befriedigen – dann wird er vermutlich vollkommen sein Ansehen bei Ihnen, in seinem Umfeld und möglicherweise auch vor sich selbst verlieren, und Sie brauchen sich nicht zu wundern, wenn er Sie künftig meidet wie der Teufel das Weihwasser.

Der Idealzustand eines Verhandlungsergebnisses sollte für beide Seiten gleichermaßen einen Erfolg bedeuten. So fand der Verhandlungsexperte Lars-Johan Åge, Professor an der Universität Gävle (Schweden), heraus, dass der ideale Zustand für eine langfristige Zusammenarbeit als »happy-happy« bezeichnet wird. Das bedeutet, erst wenn beide Seiten mit dem erreichten Ergebnis glücklich sind, werden beide Seiten künftig für weitere, erfolgsversprechende Abschlüsse zugänglich sein.[2]

Sollte der Fall eintreten, dass Sie und Ihr Verhandlungspartner zu keinem Ergebnis gelangen, und es daher zu einem Abbruch der Gespräche kommt, dann ist eine solide Beziehungsebene mindestens ebenso wichtig. Das gelingt am besten, wenn Sie sich auf die Sachebene konzentrieren. Vermeiden Sie es daher, sich gegenseitig Vorwürfe für das Scheitern der Gespräche zu machen, und fokussieren Sie sich auf die Gemeinsamkeiten, die Sie erzielt haben. Dieser Ansatz folgt dem wohl berühmtesten Verhandlungskonzept, das als »Harvard-Konzept« bekannt geworden ist. Auch hierauf wird im nächsten Kapitel noch näher eingegangen.

Erfolgreiches Verhandeln beginnt mit der richtigen Vorbereitung

Sie sehen nun, welchen Stellenwert eine umfangreiche Vorbereitung für den Verlauf einer Verhandlung einnimmt. Nehmen Sie diese Empfehlungen ernst, auch wenn sie einen erhöhten Aufwand bedeuten. Verhandlungsprofis investieren vor Verhandlungsbeginn ausreichend Zeit und Energie in die Analyse des Verhandlungspartners, der Marktsituation und der vermutlich bevorstehenden Fragen und Argumente. Am Ende einer Verhandlung legen sie bereits den Grundstein für neue – zusätzliche – Geschäfte.

Selbst wenn Sie als Privatperson beispielsweise eine Immobilie erwerben, können Sie niemals wissen, ob Sie zukünftig nicht wieder mit dem Verkäufer in Kontakt treten werden. Die Erfahrung zeigt, meistens sieht man sich zweimal im Leben, selbst wenn wir es nicht erwarten.

KAPITEL 2

Die Interessen und Verhandlungsziele in einer Vertragsverhandlung

Im vorangegangenen Kapitel haben wir gesehen, dass das Setzen von Vertragszielen elementar wichtig für den Erfolg des Vertrages ist. Aber das ist nicht alles. Das Thema »Ziele« hat eine tiefergehende Dimension, nämlich die hinter den Zielen stehenden Interessen. Als »Interessen« werden Wünsche und Anliegen verstanden, die hinter unseren Zielen liegen. Sie treiben uns an, unsere Ziele erreichen zu wollen.[3] So besteht beispielsweise unser Ziel darin, eine bestimmte Immobilie nicht über 300.000 Euro erwerben zu wollen. Wir halten während der Verhandlungsgespräche unbedingt an diesem Preis fest, weil nur dann die Finanzierung gesichert ist. Das Interesse besteht in diesem Beispiel darin, einen bestimmten monatlichen Rückzahlungsbetrag nicht zu überschreiten, sich nicht hoffnungslos zu verschulden, lediglich nur einen Teil des vorhandenen Barvermögens für den Hauskauf einzusetzen, oder dass von der Bank lediglich ein Betrag in einer gewissen Höhe zugesichert wurde. Teilweise sind Ziele und Interessen offensichtlich oder klar definiert und können sofort genannt werden. So werden Verhandlungen in vielen Fällen deswegen geführt, um für die jeweilige Partei bestmögliche Konditionen zu erzielen. Doch nicht immer liegen für uns die Interessen des Verhandlungspartners klar auf der Hand. Und – oftmals sind wir uns unserer eigenen Interessen überhaupt nicht bewusst. Sie verbergen sich dann unterhalb unserer bewussten Wahrnehmung, und wir sind uns selbst nicht im Klaren, was uns sonst noch so antreibt.

Es ist jedoch wichtig, sich über beide Ebenen bewusst zu sein. Also über die vordergründigen, meist wirtschaftlichen Ziele, die wir verfolgen und über die häufig eher unklaren Interessen, die uns ebenfalls an den Verhandlungstisch führen.

Gleichzeitig sollten Sie sich Gedanken darüber machen, welche möglichen Interessen die andere Seite verfolgt. Je mehr Sie darüber herausfinden, umso besser können Sie eine Vertragsverhandlung zum eigenen Vorteil steuern. So macht es beispielsweise durchaus einen Unterschied, wenn Sie wissen, ob die Anfrage eines Unternehmens nach einem Angebot auf ehrlichem Interesse beruht oder lediglich für ein Vergleichsangebot benötigt wird.

Die persönlichen Interessen für eine Vertragsverhandlung

Mitunter kämpfen wir wie ein Löwe für die Durchsetzung einzelner Vertragsbestandteile, ohne überhaupt zu wissen, aus welchem Grund wir uns dafür so vehement einbringen und welches Interesse uns hier treibt. Nach meiner Erfahrung ist es jedoch wichtig, sich dieser Interessen (der eigenen und der des Gegenübers) – zumindest zum Teil – klar zu werden. Nur dann können Sie ein ideales Verhandlungsergebnis erzielen.

Typische Interessen, die zum großen Teil unbewusst auf Sie und Ihren Verhandlungspartner einwirken, sind:

- Gewinnermentalität
- Verlustängste
- Freude am Verhandeln
- Erleben von Macht und Einfluss

Dabei handelt es sich um eine Auswahl, und diese Liste lässt sich noch beliebig erweitern.

Gewinnermentalität

Wenn eine Gewinnermentalität vorliegt, dann geht es darum, immer als Sieger aus der Verhandlung hervorzugehen, wobei das Ergebnis selbst manchmal sogar zweitrangig wird. Man möchte die Forderung des Verhandlungspartners reduzieren, koste es, was es wolle.

Vor einigen Jahren stieß ich bei einer Vertragsverhandlung auf eine besonders hartnäckige Form der Gewinnermentalität: Egal welche Zugeständnisse mein Mandant unterbreitete, die Gegenseite, der Geschäftsführer eines nicht gerade kleinen Unternehmens, forderte immer mehr. Bei jedem einzelnen Verhandlungspunkt wurden alle Register gezogen, um einen noch so kleinen Vorteil für sich herauszuschlagen. Dabei jammerte er häufig, dass man ihn in den Ruin treiben wolle, obwohl alle am Verhandlungstisch wussten, dass genau das Gegenteil der Fall war. Durch die Recherchen, die mein Mandant im Vorfeld über den Verhandlungspartner durchgeführt hatte, wussten wir, dass sein Unternehmen wirtschaftlich auf ausgesprochen soliden Füßen stand. Diesen Geschäftsführer quälten weniger wirtschaftliche Sorgen, sondern er stand jeden Morgen eher vor der quälenden Frage, welchen Sportwagen er diesmal nutzen wollte. Trotzdem – auch das ergaben die Informationen, die mein Mandant aus seinem Netzwerk erfuhr – versuchte dieser Verhandlungspartner grundsätzlich, bei seinen Lieferanten einen fast ruinös niedrigen Preis herauszuschlagen.

In diesem Fall brachen wir schließlich die Verhandlungen ab, denn wir wollten mit diesen Forderungen nicht mitgehen. Obwohl wir deutlich auf den Verhandlungsabbruch hinwiesen, wich er von seiner Strategie nicht ab. Viel zu groß war vermutlich seine Gewinnermentalität, selbst wenn dadurch Nachteile für Ihn entstanden.

Achten Sie daher darauf, ob Sie eine Gewinnermentalität bei Ihren Verhandlungen antreibt. Falls ja, sollten Sie sich unbedingt realistische Verhandlungsziele zurechtlegen, die Sie erreichen wollen. Sind diese erreicht, sollten Sie nicht weiterverhandeln. Diese Ziele helfen Ihnen zudem auch bei Verhandlungspartnern mit Gewinnermentalität. In diesem Fall steigen Sie dann aus, wenn die gegnerische Partei Ihre Ziele unterschreiten möchte.

Verlustängste

Die Angst vor dem Verlust der Anerkennung, vor dem Verlust des Arbeitsplatzes oder die Befürchtung, schlecht zu verhandeln, sorgt in erster Linie für inneren Druck. Sollten Sie herausfinden, dass einer dieser Faktoren auf den Verhandlungspartner zutrifft, dann machen Sie am besten an einer bestimmten Stelle in der Verhandlung ein Zugeständnis. Eines, mit dem Sie persönlich gut leben können und das dem anderen dabei hilft, diese Ängste zu reduzieren. Nur ein sehr egoistischer und auf kurzfristige Erfolge programmierter Verhandler wird diese Schwächen des Gegenübers für sich nutzen wollen.

Falls Sie diese Ängste und Befürchtungen an sich selbst feststellen, hilft wieder die Definition von Verhandlungszielen, deren Erreichen den Erfolg messbar machen und damit den persönlichen Druck reduzieren.

Freude am Verhandeln

Im privaten Umfeld, aber leider manchmal auch im geschäftlichen Bereich, treffen wir immer wieder auf Menschen, die einfach aus Freude am Verhandeln in einzelne Verhandlungspunkte einsteigen, ohne ein ehrliches Interesse an der Klärung dieses Punktes zu besitzen. Wenn dieser Punkt auf Sie zutrifft, dann sollten Sie sich hinterfragen, ob es nicht besser ist, sich eine andere Beschäftigung zu suchen. Schließlich befinden sich auf der anderen Seite immer Menschen, die Zeit und Energie in diese Gespräche investieren.

Erleben von Macht und Einfluss

Manche Verhandler treibt auch nur das Erleben von Macht und Einfluss: In diesem Fall nimmt eine Partei einen höheren Status ein als die andere. Auch diese Verhandlungssituation ist alles andere als fair. Man wird sie leider nicht vollständig vermeiden können, aber auch hier gilt: Man sieht sich immer zweimal im Leben. Machtverhältnisse können sich ändern, der vermeintlich Überlegene kann schon kurz darauf unterlegen sein. Unternehmen und Personen steigen auf und ab.

Sollten Sie selber aus reinem Spaß an Macht und Einfluss Verhandlungen führen, nun ja, das könnte dann komplexere, eventuell in frühester Kindheit verankerte Gründe haben.

Wie sich leicht erkennen lässt, erweist es sich grundsätzlich als sinnvoll herauszufinden, welche Faktoren einen selbst und vor allem auch den Verhandlungspartner antreiben, in eine Vertragsverhandlung einzusteigen. Je mehr Sie darüber herausfinden – und wenn es lediglich realistische Annahmen sind –, umso erfolgsversprechender wird Ihre Verhandlungsstrategie sein.

Wenn Sie Ihre Vertragsverhandlungen mit mehreren Personen auf Ihrer Seite führen – beispielsweise mit einem Kollegen – bedenken Sie bitte, dass jeder von ihnen durchaus seine eigenen Interessen verfolgt, die nicht automatisch deckungsgleich ausfallen. Entsprechendes gilt natürlich auch, wenn auf der Seite des Vertragspartners mehrere Personen verhandeln.

Es gibt neben diesen persönlichen Interessen auch andere Beweggründe, die uns bei Verhandlungsgesprächen antreiben, und dabei handelt es sich um wirtschaftliche Interessen, also die Ziele der Vertragsverhandlung.

Die wirtschaftlichen Ziele einer Vertragsverhandlung

Die Ziele einer Vertragsverhandlung beschreiben immer das angestrebte wirtschaftliche Ergebnis. Im Gegensatz zu den persönlichen Interessen sollten Sie Ihre Ziele gut kennen, und deshalb – wie in Kapitel 1 bereits beschrieben – zählt die Erarbeitung der Ziele zu einem elementaren Teil der Vorbereitung vor der Vertragsverhandlung.

Bei der Zieldefinition sollten Sie folgende Punkte in Ihre Überlegungen einfließen lassen:

- Einmalige oder mehrmalige Verwendung des Vertrages
- Das wirtschaftlich Gewollte
- Die Zielfalle »Fokussierung auf den besten Preis«
- Preisanpassungen

Einmalige oder mehrmalige Verwendung des Vertrages

Zunächst einmal sollten Sie sich überlegen, ob der angestrebte Vertrag lediglich einmal und für nur einen Vorgang verwendet werden soll, als Blaupause für weitere Verträge gilt oder ob die Laufzeit des Vertrages sich über mehrere Jahre erstreckt. Eine einmalige Nutzung wäre beispielsweise der Verkauf einer Immobilie, die Anschaffung eines Fahrzeuges oder eine einmalige Dienstleistung, etwa die Übersetzung von Schriftstücken. Eine mehrmalige Nutzung ist beim klassischen Rahmenvertrag gegeben oder zum Beispiel, wenn eine Vereinbarung mit einem Dolmetscher getroffen wird, als Basis für die künftige Zusammenarbeit, da Ihr Unternehmen immer wieder Dokumente in anderen Sprachen verfasst. Ein Vertrag mit einer Laufzeit über viele Jahre hinweg wäre beispielsweise ein Mietvertrag.

Das Verhandlungsergebnis hängt also auch stark davon ab, ob Sie den Verhandlungspartner anschließend vermutlich nie wiedersehen oder ob Sie einen Vertrag abschließen, der über mehrere Jahre hinweg für die künftige Zusammenarbeit bindend sein soll.

Bei wiederkehrenden Verträgen oder Verträgen mit langer Laufzeit sollten Sie Folgendes bedenken: Die Inhalte des Vertrages sind so gut wie in Stein gemeißelt, daher sollte jeder Vertragspunkt lückenlos durchdacht sein und auch noch in einigen Jahren seinen Sinn und Zweck vollumfänglich erfüllen.

Überlegen Sie sich immer, welche Szenarien eintreten könnten, und am besten bilden Sie bei der Vertragsgestaltung eine sinnvolle Anpassung ab. Bei Verträgen mit einer Laufzeit von mehreren Jahren sollten auch Vereinbarungen getroffen werden, die eine Veränderung der Eigentümersituation berücksichtigen. »Jeden einmal sterben lassen« klingt vermutlich auf den ersten Blick etwas pessimistisch. Es handelt sich dabei jedoch um eine mitunter überlebenswichtige Vorbereitung auf einen Extremfall, der jederzeit eintreten könnte. Angenommen, der Eigentümer einer der Vertragspartner übergibt sein Unternehmen an ein Familienmitglied, weil er sich in den Ruhestand begibt, oder – der Extremfall – der Unternehmensinhaber stirbt oder das Unternehmen wird verkauft. Wie wirkt sich diese Veränderung auf das Vertragsverhältnis aus? Auch das sollte bereits im Vertrag vorab geregelt werden, um mitunter zähe und damit verbunden kostenintensive Rechtsstreitigkeiten im Nachgang zu vermeiden.

Das wirtschaftlich Gewollte

Es gibt unzählige Vertragsarten, die in einer Vielzahl von Lebenssituationen benötigt werden. Überlegen Sie sich, was Sie – neben dem Preis – wirtschaftlich mit dem jeweiligen Vertrag regeln wollen. Soll eine bestimmte Qualität garantiert werden? Gibt es verlängerte Verjährungsfristen? Soll die Haftung eingeschränkt werden? Dabei handelt es sich lediglich um eine Auswahl an möglichen Punkten, die Sie Im Vertrag fixieren möchten.

Überlegen Sie sich sehr genau, welche Vertragspunkte für Sie besonders wichtig sein können, und notieren Sie sich am besten, was Sie jeweils genau erreichen wollen. So könnten Sie etwa beim Kauf einer Heizungsanlage als Vertragsziele festhalten, dass die Gewährleistungspflicht zumindest fünf Jahre beträgt, ein Wartungsvertrag zum Festpreis von 170 Euro pro Jahr abgeschlossen wird und die gesamte Anlage nicht mehr als 15.000 Euro kosten darf. Und keine Scheu: Schreiben Sie erst einmal auf, was wirtschaftlich gewollt ist, und nehmen Sie anschließend diese Punkte im Vertrag auf oder anders ausgedrückt: Der Vertrag folgt diesem Gewollten erst in einem zweiten Schritt nach. Einige Hinweise, wie und was Sie juristisch vereinbaren können, stehen in den Kapiteln 8 bis 10.

PROFITIPP:

Beziehen Sie Worst-Case-Szenarien immer mit ein

Achten Sie auch auf Worst-Case-Szenarien, und fragen Sie sich, was im wahrsten Sinne »alles schiefgehen« kann.

Ein Beispiel: Sie verhandeln mit einem Kunden einen Vertrag für die Lieferung bestimmter Produkte, und in einer Vertragsklausel garantieren Sie die Lieferung bestimmter Mengen zu bestimmten Terminen. Sie garantieren also die Lieferfähigkeit. Das bedeutet, wenn eines dieser Produkte von Ihnen nicht geliefert werden kann, müssen Sie eine Geldbetrag in bestimmter Höhe als Entschädigung bezahlen. So weit, so gut, schließlich kennen Sie Ihren chinesischen Lieferanten, von dem Sie wiederum diese Produkte beziehen, als zuverlässigen Geschäftspartner, der Sie noch nie im Stich gelassen hatte. Doch wie verhält es sich, wenn durch ein außerordentliches Ereignis plötzlich alle Grenzen geschlossen werden? Wenn es dadurch einfach unmöglich wird, neue Ware zu erhalten? Dann kann eine derartige Vereinbarung sehr schnell zu einem finanziellen Fiasko für Sie werden. In einem Vertrag sollte daher die Verpflichtung zur Lieferung bei gewissen außergewöhnlichen Ereignissen ausgeschlossen werden, und am besten nennt der Vertrag konkrete (realistische) Beispiele und Situationen, wann dies der Fall sein soll.

Sicherlich kennen Sie aus Ihrem privaten oder geschäftlichen Umfeld noch weitere Szenarien, in denen etwas nicht so lief, wie es sollte. Versuchen Sie, auf Ihrem Erfahrungsschatz basierend, diese Punkte im Vertrag zu regeln. Unwahrscheinliche Ereignisse, etwa ein Meteoriteneinschlag, können Sie dabei eher vernachlässigen.

> Das bedeutet also, Sie sollten einen Vertrag immer als Ganzes betrachten und sich nicht von einzelnen verlockenden Vertragspunkten blenden lassen. Überlegen Sie außerdem bei jedem Vertragspunkt, ob es hier auch eine negative Seite der Medaille für Sie geben könnte.

Die Zielfalle »Fokussierung auf den besten Preis«

Wer sich mit den Zielen der Vertragsverhandlung auseinandersetzt, wird fast unweigerlich das Ziel »bester Preis« (also niedriger Ein- oder hoher Verkaufspreis) nennen. Manche Verhandler sind sogar so fixiert auf diesen Punkt, dass alles andere zur Nebensache wird. Obwohl die Fokussierung auf den besten Preis auf den ersten Blick als typisches wirtschaftliches Ziel wirkt, lässt sich dieser Punkt tatsächlich nicht eindeutig einordnen, da häufig noch viel mehr dahintersteckt. Verhandlungspartner, die den besten Preis zu einer Art Heiligen Gral der Verhandlungsstrategie erheben, werden dabei häufig von nicht-wirtschaftlichen Interessen, wie Gewinnermentalität, Freude am Verhandeln oder Erleben von Macht und Einfluss et cetera gesteuert.

Zunächst einmal stellt sich jedoch immer die Frage nach dem besten Preis. Ist damit der niedrigste Betrag gemeint, der unter Aufbietung aller Verhandlungstricks erzielt werden kann? Oder der Preis, der lediglich einige wenige Prozentpunkte über dem Einkaufspreis des Anbieters liegt? Oder ist als niedrigster Preis jener Betrag genannt, den man sich selbst leisten kann, unabhängig vom eigentlichen Wert des Produktes oder der Dienstleistung? Handelt es sich dabei jeweils um den niedrigsten Preis, den es zu erzielen gilt? Selbst wenn dieser für den Verhandlungspartner mittelfristig den Ruin bedeuten könnte oder die Geschäftsbeziehung durch dieses Verhandlungsergebnis dauerhaft gestört ist? Beide Situationen kommen leider durchaus vor.

Sollte Ihr Verhandlungsziel tatsächlich darin bestehen, den »niedrigsten Preis« oder »besten Preis« zu erzielen, dann werden Sie garantiert immer mit einem gewissen Gefühl der Unzufriedenheit aus der Verhandlung gehen, selbst wenn Sie beispielsweise beim Kauf Ihres Traumautos fantastische Konditionen beim zähneknirschenden Autoverkäufer rausschlagen konnten. Sogar in diesem Fall wird Sie vermutlich ein schales Gefühl begleiten. Schließlich können Sie niemals wissen, ob Sie tatsächlich den »niedrigsten Preis« erzielt haben oder ob der Verkäufer im Autohaus eine begnadete Show abzog.

Wenn Sie also stets danach streben, einen möglichst niedrigen oder den besten Preis zum Verhandlungsziel zu erklären, wird sich bei Ihnen immer eine gewisse Unzufriedenheit ausbreiten. Ganz gleich, wie erfolgreich die Vertragsverhandlung für Sie ablief.

Ich empfehle Ihnen im Vorfeld für sich selber zu definieren, welche Bestandteile des Vertrages Ihnen tatsächlich wichtig sind. Ist es der Kaufpreis, sind es bestimmte Konditionen, auf die Sie nicht verzichten wollen, oder sind es ganz andere Punkte? Etwa die Einhaltung von Lieferfristen oder bestimmte Garantiebestandteile? Von welchen vertraglichen Aspekten können Sie abweichen, und welche Vertragspunkte sind für Sie nicht verhandelbar?

Mit anderen Worten ausgedrückt: Definieren Sie für sich, zu welchen Minimalkonditionen Sie bereit sind, einen Vertrag zu unterschreiben. Notieren Sie sich diese Punkte. Wenn Sie ein Produkt – oder eine Dienstleistung – verkaufen, dann überlegen Sie sich, welche Rahmenbedingungen Sie erzielen möchten, damit es sich für Sie lohnt.

Als Unternehmen oder als Selbstständiger spielen dabei wirtschaftliche Faktoren eine entscheidende Rolle. Das bedeutet, wenn alle finanziellen Aufwände eingerechnet werden, sollte der Verkaufspreis nicht nur darüber liegen, sondern er sollte auch so angesetzt sein, dass er einen unternehmerischen auskömmlichen Gewinn abwirft. Kalkulieren Sie daher den Preis stets auf Vollkostenbasis, also unter Einbeziehung Ihrer Mitarbeiterkosten, Lagerhaltung, Werbung und vieles mehr.

In einem Vertragswerk stellt der Preis nur einen von vielen Punkten dar, und deshalb sollten Sie den Vertrag mit all seinen Bedingungen immer als Ganzes betrachten. Was nützt es Ihnen beispielsweise, wenn Sie ein elektronisches Gerät zu einem besonders günstigen Einkaufspreis erwerben, jedoch die Lieferzeit sechs Monate beträgt und Sie in dieser Zeit das Gerät nicht für die vorgesehenen Zwecke nutzen können. Möglicherweise entsteht Ihnen dabei sogar noch ein Umsatzverlust, weil Sie in der Zwischenzeit Ihre Kunden nicht versorgen konnten? Oder die Ware nur gegen Vorkasse geliefert wird – was Sie übrigens nie und nimmer vereinbaren sollten! – und der Verkäufer in der Zwischenzeit insolvent wird?

Prüfen Sie daher alle Vertragspunkte intensiv, und gleichen Sie diese mit Ihren Verhandlungszielen ab. Im vorgenannten Beispiel hätte das Ziel etwa folgendermaßen formuliert werden können: »Kauf und Lieferung eines kurzfristig einsetzbaren Gerätes zum bestmöglichen Preis.« Sie sehen, der Satz beinhaltet mehr als eine Komponente für das Ziel.

Kalkulieren Sie immer ganz genau, unter welchen Rahmenbedingungen sich ein Vertragsabschluss für Sie lohnt, und steigen Sie aus, wenn es unrentabel und die im vorhergehenden Kapitel schon aufgezeigte rote Linie überschritten wird. So gilt überall auf diesem Planeten die goldene Kaufmannsregel »Umsatz ist nicht gleich Gewinn«, und es hilft nicht, ein großes Auftragsvolumen zu erreichen, wenn am Ende kein Cent für Sie übrigbleibt.

Preisanpassungen

Ein weiterer wichtiger Punkt, der vor allem bei Rahmenverträgen oder Verträgen mit langer Laufzeit bedacht werden sollte, ist die Frage nach Preisanpassungen. Grundsätzlich gilt, dass ein einmal fixierter Preis nur mit großem Argumentationsaufwand erhöht werden kann. Ausgenommen davon sind lediglich im Vertrag getroffene Vereinbarungen, die eine regelmäßige Preiserhöhung enthalten oder automatische Preisanpassungen unter bestimmten Voraussetzungen regeln. Etwa dann, wenn sich Marktpreise bestimmter Rohstoffe über einen vorab definierten Richtwert erhöhen. Zu einer solchen Regelung kann ich Ihnen nur dringend raten, da sich eine im Vertrag nicht vorgesehene oder sogar ausgeschlossene Möglichkeit der Preiserhöhung sehr schnell wirtschaftlich katastrophal auswirken kann.

Nicht selten laufen Einzelunternehmer, meist Selbstständige oder Freiberufler, in die »Falle«, wenn der Verhandlungspartner einen besonders niedrigen Preis für einen Erstauftrag fordert. »Beginnen wir doch mit diesem (Anmerkung: unverschämt niedrigen) Einstiegspreis, und wenn alles klappt, dann zahlen wir für künftige Aufträge die von Ihnen vorgeschlagene Summe«, lautet dabei häufig die Forderung. Stimmt man diesem Vorschlag zu, lautet dann bei nächster Gelegenheit der Einwand, weshalb man denn jetzt teurer sei, da der ursprüngliche Betrag doch scheinbar ebenso wirtschaftlich vertretbar war? Es gibt also keine guten Gründe, die in dieser Situation eine Preiserhöhung rechtfertigen.

Sie können diesem Dilemma entgehen, indem Sie im Gegenzug bei der Verhandlung des Erstauftrages auf Ihrer ursprünglichen Kalkulation bestehen und gleichzeitig bei einem Folgeauftrag eine Reduzierung oder Mengenrabatt versprechen. In diesem Fall erhöhen Sie zusätzlich die Chance, überhaupt einen Folgeauftrag zu erhalten. Alternativ können Sie einen günstigeren Einführungspreis gewähren und gleichzeitig klar festlegen, dass bei einem Folgeauftrag der ursprüngliche, reguläre Preis gilt. Mit gutem Verhandlungsgeschick lässt sich eine derartige Vereinbarung durchaus umsetzen. Damit das auch wirklich klappt, sollten Sie diesen Punkt bereits bei der Vertragsverhandlung ansprechen und gleichzeitig vertraglich festhalten und nicht lediglich darauf hoffen, eine Preiserhöhung das nächste Mal durchsetzen zu können.

Sie sollten sich jedoch darauf vorbereiten, dass bei erneuter Auftragsteilung höchstwahrscheinlich wieder der Versuch unternommen wird, Sie auf die günstigen Konditionen des Erstauftrages herunterzuhandeln.

> **PROFITIPP:**
> ## Vermeiden Sie Nachverhandlungen nach Vertragsabschluss
>
> Vermutlich fragen Sie sich an dieser Stelle, weshalb Sie sich so viele Gedanken machen sollen. Schließlich könnten Sie den unterzeichneten und abgeschlossenen Vertrag einfach neu verhandeln, wenn sich in der ursprünglichen Vertragsverhandlung der eine oder andere Punkt als nachteilig für Sie erweist. So etwas ist in vielen Fällen sicherlich möglich. Gleichzeitig sollten Sie sich im Klaren sein, dass Ihr Verhandlungspartner für ihn günstige Teile des Vertrages niemals aus purer Nächstenliebe einfach so nachbessern wird, zumal sich dadurch für ihn meist Nachteile ergeben werden. Und falls nicht, kann die Frage nach Nachverhandlungen schamlos ausgenutzt werden, um eigene Ziele zu erreichen, die vielleicht in der ersten Vertragsverhandlung nicht durchgesetzt werden konnten.

Die Nachverhandlung einer Vereinbarung bedeutet daher immer ein Zugeständnis, und zwar für beide Vertragsparteien. Anders ausgedrückt bleibt Ihnen in einem derartigen Fall garantiert nichts anderes übrig, als Federn zu lassen, wenn Sie ein bereits fest verschnürtes Vertragspaket wieder öffnen wollen. Sie sollten sich daher bei langfristig angelegten Verträgen unbedingt bereits vor der ersten Verhandlungsrunde ausführlich überlegen, was Sie mit der Vertragsverhandlung erreichen möchten. Also welche Punkte unbedingt aufgenommen werden sollen, wo – und in welchem Umfang – Sie zu Zugeständnissen bereit sind und wo es aus Ihrer Sicht keinen Verhandlungsspielraum gibt. In zahllosen Nachverhandlungen, die ich als juristischer Beistand begleitete, gab es vielleicht eine Handvoll von Ergebnissen, die letztlich für meine Mandanten ohne größere Zugeständnisse endeten. Der Grund dafür ist schlichtweg der, dass sich die Partei, die eine Nachverhandlung fordert, immer in der schwächeren Position befindet.

Nehmen Sie sich also Zeit bei den Verhandlungen, und lassen Sie sich nicht unter Druck setzen. Am Ende könnten Sie die getroffene Vereinbarung bereuen und müssten Nachbesserungen teuer bezahlen.

Verhandlungsziele der verschiedenen Personengruppen

Ihre Verhandlungsziele hängen natürlich ganz davon ab, in welcher Rolle Sie in die Verhandlung einsteigen. Dabei unterscheide ich zwischen den Rollen Mitarbeiter, Unternehmer beziehungsweise Selbstständiger und Privatperson. Dabei variieren nicht nur die persönlichen Interessen, wie bereits in diesem Kapitel vorgestellt, sondern vor allem auch die Ziele, die es zu erreichen gilt.

Wenn Sie als Mitarbeiter eines Unternehmens in die Verhandlung einsteigen, dann sind Ihre Ziele normalerweise

- die Erreichung der (zahlengesteuerten) Unternehmensziele
- die Einhaltung der zwingend vorgeschriebenen Unternehmenswerte
- Ihre persönlichen Ziele (Erfolgsprämien, Ansehen innerhalb der Organisation, Erfolgsdruck et cetera)
- die Ziele von Kollegen, die ebenfalls an der Verhandlung teilnehmen.

Dabei ist es wichtig, dass sich die persönlichen Ziele mit jenen des Unternehmens decken. Kommt es dabei zu Abweichungen – etwa, weil der Mitarbeiter bereits gekündigt hat und seine Zusagen im Verhandlungsgespräch von den Vorgaben seines Arbeitgebers abweichen – sind interne Konflikte nahezu unausweichlich. Bei dieser Auflistung gehe ich davon aus, dass Ihnen die (gelebten) Unternehmensziele und Unternehmenswerte bekannt sind. Nach meiner Erfahrung handelt es sich dabei oftmals lediglich um ein Blatt Papier, das jedoch in der Praxis häufig vernachlässigt wird. Außerdem sollten Sie niemals Ihre Kollegen unterschätzen, denn Egoisten mit eigener Agenda gibt es in jedem Unternehmen und an jedem Verhandlungstisch.

Wenn Sie als Selbstständiger oder Freiberufler in die Verhandlung einsteigen, dann sind Ihre Verhandlungsziele normalerweise

- ein ausreichender unternehmerischer Gewinn
- Einhaltung marktüblicher Rahmenbedingungen
- die Wahrung von Image oder Sichtbarkeit im Markt.

Unter »Wahrung von Image oder Sichtbarkeit im Markt« wird im Allgemeinen Ihr Ansehen verstanden. Wenn Sie als Selbstständiger beispielsweise bei einem Kunden einem unverschämt niedrigen Preis zustimmen, wird es sich vermutlich herumsprechen, und dann wird es Ihnen schwerfallen, künftig – bei diesem, aber auch bei anderen Kunden – höhere Preise zu erzielen. Des Weiteren wird auch die Wertigkeit Ihrer Arbeit sinken (der »billige Jakob«) und, in einem zweiten Schritt, vielleicht auch Ihr Renommee insgesamt.

Wenn Sie als Privatperson in die Verhandlung einsteigen, dann sind Ihre Verhandlungsziele normalerweise,

- einen bestimmten Preis zu erzielen,
- das Produkt einfach nur loswerden oder – im anderen Fall – erwerben zu wollen, egal zu welchem Preis.

Wenn Sie als Privatperson etwa Ihren Keller ausräumen wollen, werden Sie vermutlich einiges von dem Zeug, das bereits seit dem Todestag von Elvis Presley dort lagert, günstig abgeben wollen. Sie wollen primär Platz schaffen und sind dann garantiert eher zu Zugeständnissen bereit. Ganz anders verhält es sich, wenn Sie ein Haus oder ein Auto verkaufen möchten und dabei den höchstmöglichen Preis erzielen wollen oder müssen. Bedenken Sie: Wenn Sie große Freude am Verhandeln verspüren und deswegen jede freie Minute auf Flohmärkten verbringen, dann handelt es sich dabei um ein persönliches Interesse und um kein wirtschaftliches Ziel.

Zusammengefasst sollten Sie neben den persönlichen Interessen auch Gedanken über die wirtschaftlichen Ziele anstellen, die Sie erreichen wollen, und gleichzeitig versuchen, die Ziele und Interessen der Gegenseite herauszufinden. Schließlich hängt auch davon der weitere Verlauf der Verhandlungsgespräche ab.

Und vergessen Sie dabei nie:

> Kennen Sie Ihr Verhandlungsziel, verlieren Sie es nie aus den Augen, und versuchen Sie ein realistisches Verhandlungsergebnis zu erzielen, mit dem beide Seiten dauerhaft zufrieden sind.

KAPITEL 3

Verhandeln auf Augenhöhe: Mittel und Wege, dies zu erreichen

Nachdem die vorbereitenden Überlegungen abgeschlossen sind, kommt es irgendwann zum Verhandlungsgespräch. Dieses kann telefonisch, per Videokonferenz oder, ganz klassisch, physisch stattfinden. Auf Letzteres wollen wir uns in diesem Kapitel fokussieren. Je nach Situation findet die Verhandlung unter Anwesenden entweder in Ihrem Büro, bei Ihnen zu Hause oder in den Räumlichkeiten des Verhandlungspartners statt. Bevor Sie jedoch in die Vertragsverhandlung einsteigen, sollten Sie einige Gedanken über Ihren eigenen Auftritt anstellen.

Meist ergibt sich der Einstieg in eine Vertragsverhandlung beinahe automatisch. Vor allem bei Unternehmen, zwischen denen bereits eine langjährige Zusammenarbeit besteht und wo sich die Ansprechpartner schon kennen, zählt der Verhandlungsbeginn zur Routine.

Trifft man jedoch das erste Mal aufeinander, kann der richtige Einstieg die erste Hürde bedeuten. Schließlich wollen Sie keinen Fehler begehen und sich dadurch sämtliche Verhandlungstüren zuschlagen. So könnte es etwa beim Autohändler Ihrer Wahl vermutlich für einige Verwirrung sorgen, wenn Sie zur Türe reinstürmen und den nächstbesten Berater fragen, welche Konditionen für den tollen Mittelklassewagen mit den vier Reifen direkt neben dem Eingang möglich sind.

Selbst Verhandlungsprofis unterlaufen manchmal Fehler beim Verhandlungsbeginn, weil sie zu direkt in das eigentliche Thema einsteigen oder weil sie die Diskussion der eigentlichen Knackpunkte der Verhandlung zu lange herauszögern.

In diesem Kapitel stelle ich Ihnen die wichtigsten Aspekte vor, die Sie am Beginn einer Verhandlungsrunde beachten sollten. Die meisten Tipps gelten für eine persönliche Verhandlung, bei der Sie und Ihr Vertragspartner sich gegenübersitzen. Viele Aspekte sind aber auch für Telefonkonferenzen und insbesondere für die immer stärker verbreiteten Gesprächsrunden über Video zu verwenden.

»Ich brauche Gegner, keine Opfer«

Dieses Zitat wird Stefan Raab zugeschrieben, und er soll es einmal im Rahmen seiner TV-Show *Schlag den Raab* gesagt haben.[4] Obwohl diese Aussage auf den ersten Blick erbarmungslos klingt, besitzt sie eine fundamentale Bedeutung für eine erfolgreiche Vertragsverhandlung. Fragen Sie sich einmal ehrlich: Wie möchte ich mein Verhandlungsziel erreichen? Auf Augenhöhe mit Ihrem Gegenüber? Ihr Gegenüber als Opfer der Verhandlung oder gar Sie selber als das Opfer?

Natürlich nur auf Augenhöhe, werden Sie sagen. Gelingt es Ihnen nicht, dann nimmt Sie die andere Verhandlungsseite entweder nicht ernst, empfindet Sie als unsympathisch, eventuell als arrogant oder als aggressiv. Einander auf Augenhöhe zu begegnen bedeutet letztlich, eine Beziehungsebene aufzubauen, und nur dann ist ein Vertragsabschluss zu erzielen, der für beide Seiten einen Vorteil erzielt. Befinden wir uns stattdessen im Hochstatus – also in einer möglicherweise machtvolleren Position als unser Gegenüber –, dann diktieren wir weitgehend den Verhandlungsverlauf. Damit erreichen wir vermutlich unsere Ziele, doch eine weitere Zusammenarbeit wird nur auf einer gestörten Beziehungsebene ablaufen. Das kann zwar funktionieren, doch in vielen Fällen wird der Geschäftspartner – meist unbewusst – versuchen, selbst die Kontrolle an sich zu reißen oder Ihnen Grenzen aufzuzeigen. Beispielsweise, indem er Ihnen wichtige Informationen unterschlägt oder andere Kunden bevorzugt.

Befindet sich die Gegenseite im Hochstatus, dann geraten Sie in eine weniger machtvolle Position und Sie sind im Tiefstatus. Auch dann können Sie natürlich ein Verhandlungsergebnis erzielen, das aber natürlich weniger attraktiv für Sie ist. Auch hier wird die Beziehung nach Vertragsabschluss gestört sein.

Sie sehen also, idealerweise sollten Sie eine Vertragsverhandlung auf Augenhöhe anstreben. Um diesen Status zu erreichen, sollten Sie folgende Punkte beachten:

– den Halo-Effekt
– Ihre äußerliche Erscheinung
– Ihre Körpersprache
– Ihre Wortwahl
– Ihre mentale Haltung

Halo-Effekt

Es handelt sich dabei um einen Begriff aus der Psychologie, der eine Verzerrung unserer kognitiven Wahrnehmung beschreibt. Das Wort »Halo« stammt aus dem Englischen und steht für »Heiligenschein«. Dieser Effekt beschreibt die Eigenart der Menschen, bei anderen Personen von einer Beobachtung auf andere – mögliche – Eigenschaften zu schließen. Wenn Sie beispielsweise eine Immobilie kaufen wollen und der Makler begrüßt Sie in einer Art und Weise gekleidet, wie Sie es für ein derartiges Zusammentreffen erwarten – etwa einen gut sitzenden Anzug in Kombination mit qualitativ hochwertigem Schuhwerk –, schätzen Sie ihn höchstwahrscheinlich als seriös und kompetent ein. Erscheint er zu diesem Termin auch noch pünktlich, begrüßt Sie freundlich, spricht Sie mit Ihrem Namen an und überreicht Ihnen eine hochwertig aufbereitete Informationsbroschüre zu dieser Immobilie, werden Sie ihn vermutlich zunächst einmal als vertrauenswürdig einschätzen.

Selbstverständlich können Sie diesen Gesprächspartner nach diesen wenigen Minuten nicht verlässlich beurteilen, doch Ihr Gehirn nimmt dank des Halo-Effektes eine Ersteinschätzung vor und präsentiert Ihnen bereits seine Ergebnisse: Diesem Makler kann ich vertrauen.

Was wäre, wenn diese Person in Bermudashorts und Flip-Flops vor dem Haus auf Sie warten würde? Vielleicht sogar noch unrasiert und mit einem Haarschnitt, der ganz danach aussieht, als hätte der Makler in einem Windkanal geschlafen? Legen wir an dieser Stelle noch eine Schippe drauf, und er überreicht Ihnen murmelnd ein Exposé, das auf dem ersten Blick danach wirkt, als hätte er es seinem Hund entrissen, kurz bevor er damit in den Garten abgehauen wäre?

Würden Sie ihn als kompetenten und zuverlässigen Gesprächspartner einschätzen, vor allem innerhalb der ersten Sekunden nach dem ersten Kennenlernen? Vermutlich nicht.

Das genau macht der Halo-Effekt: Er sorgt dafür, dass wir andere Menschen möglichst schnell beurteilen können. In erster Linie deswegen, damit wir uns eine Meinung bilden können, ob unser

Gegenüber eventuell eine Gefahr darstellt oder friedliche Absichten hegt. Fällt diese Schlussfolgerung positiv aus, spricht man auch vom »Heiligenschein-Effekt«, und im Falle einer negativen Verzerrung vom »Teufelshörner-Effekt«. Der Halo-Effekt entspricht somit dem Urteil, das wir uns nach dem ersten Eindruck bilden, und nicht umsonst gibt es das Sprichwort: »Es gibt keine zweite Chance für den ersten Eindruck.«

Eventuell ist der Immobilienmakler in unserem zweiten Beispiel ein hoch kompetenter, überaus verlässlicher Geschäftspartner, der ausgesprochen sorgsam arbeitet. Durch unsere Meinung, die wir innerhalb weniger Minuten – oftmals sogar innerhalb einiger Sekunden – gebildet haben, werden wir das vermutlich nie erfahren, denn jetzt vergleicht unser Gehirn den weiteren Verlauf unserer Zusammenarbeit mit ihm auf Basis des ersten Eindrucks, den wir von diesem Makler gewonnen haben. Dabei gewichten wir mit hoher Wahrscheinlichkeit negative Eindrücke höher als positive Erfahrungen.

Es kommt durchaus vor, dass wir unseren Halo-Effekt zu einem späteren Zeitpunkt neu bewerten, doch in den meisten Fällen begleitet er uns, als wäre er in Stein gemeißelt.

Ganz gleich, welche Art von Verhandlung Sie führen, achten Sie unbedingt auf diesen Effekt und unternehmen Sie alles, um einen bestmöglichen ersten Eindruck zu vermitteln. Achten Sie dabei auf Ihr Auftreten, auf Sauberkeit, auf Pünktlichkeit, auf hochwertige und gleichzeitig vollständige Unterlagen, auf eine nahezu perfekte Vorbereitung und auf die zwischenmenschliche Komponente beim ersten Aufeinandertreffen. All das wird Ihr Gegenüber unbewusst auf die Waagschale legen und durch den Halo-Effekt zu einer Einschätzung über Sie zusammenführen.

Ihre äußerliche Erscheinung

Unser Erscheinungsbild wirkt sich selbstverständlich auch auf den Halo-Effekt aus, gleichzeitig hat es Einfluss auf den weiteren Verlauf einer Vertragsverhandlung. Es kann sogar den gegenseitigen Status (Hochstatus, Tiefstatus oder auf Augenhöhe) zwischen den Verhandlungspartnern beeinflussen.

Wie wir uns kleiden, welchen Schmuck wir tragen und weitere Merkmale unseres Erscheinungsbildes tragen zu einem großen Teil dazu bei, wie uns die andere Verhandlungspartei einschätzt. Grundsätzlich lässt sich feststellen: Je stärker Menschen einander gleichen, umso größer ist die Chance, dass diese eine Beziehungsebene zueinander herstellen können. Eine funktionierende zwischenmenschliche Beziehung ist gleichzeitig ein Schlüsselfaktor zum Verhandlungserfolg.

Ein dem Gesprächspartner – und dem Anlass – angepasster Kleidungsstil erzeugt Vertraulichkeit. Unbewusst suchen wir Menschen nach übereinstimmenden Faktoren, und je mehr wir davon identifizieren können, desto schneller entsteht eine vertrauensvolle Atmosphäre, die sich positiv auf die Verhandlungssituation auswirkt. Das bedeutet jetzt nicht, dass Sie im blauen Arbeitsoverall erscheinen sollten, wenn Sie mit dem Betriebsleiter eines Produktionsbetriebes in Verhandlung treten. Auch wird es nicht notwendig sein, sich eine sündhaft teure Garderobe inklusive einer Schweizer Uhr der Premiumklasse anzuschaffen, wenn Sie mit dem Bankvorstand über einen neuen Kredit für eines Ihrer Unternehmen verhandeln. Sie können jedoch im ersten Fall durchaus eine sportlich-elegante Kleidung wählen, und zum Verhandlungstermin in der Zentrale Ihrer Hausbank sind Sie mit einem Anzug oder einem eleganten Kostüm garantiert gut beraten. Wenn Sie dann noch dezenten Schmuck tragen – oder vielleicht sogar darauf verzichten – und auf gutes Schuhwerk achten, dann haben Sie garantiert eine gute Basis für ein erfolgreiches Verhandlungsgespräch gelegt. Es gibt im Internet ausreichend Videos, in denen Menschen Experimente durchgeführt haben und als schlecht gekleidete Personen teure Autos kaufen wollten. Die Erfolge waren bescheiden. In vielen Fällen werden sie nicht ernstgenommen, manchmal vom Autohändler ignoriert oder sogar vor die Türe gesetzt.

Die passende äußerliche Erscheinung soll andere nicht täuschen. Hier geht es nicht um »mehr Schein als Sein«. Sie ist jedoch Ihr Türöffner. Beachten Sie dabei aber auch, dass Kleidung abgrenzend und distanzierend wirken kann. Der Anzugträger, der auf der Baustelle mit einem Bauunternehmer verhandelt, schafft im ersten Moment keine Nähe, eher Distanz, vielleicht sogar, um ein Machtgefälle zu demonstrieren.

Ihre Körpersprache

Auch Ihre Körperhaltung und die Art und Weise, wie Sie sich während der Verhandlung bewegen, hängt stark davon ab, ob Sie sich auf Augenhöhe Ihres Verhandlungspartners befinden. Insbesondere der Halo-Effekt wird davon stark beeinflusst. Sie sollten daher gleich zu Beginn eine aufrechte Haltung einnehmen. Das bedeutet, wenn Sie Ihren unteren Rücken etwas anspannen, wirken Sie automatisch präsenter. Das klappt im Stehen genauso wie im Sitzen.

Zusätzlich sollten Sie auf Ihre Kinnhaltung achten, denn darüber vermitteln wir in erster Linie unserem Gegenüber, welchen Status wir einnehmen. So ist der Gleichstatus – also auf Augenhöhe – durch einen 90-Grad-Winkel zum Oberkörper gekennzeichnet. Befinden wir uns im Hochstatus, dann heben wir das Kinn etwas an. Hochstatus bedeutet, wir fühlen uns dem anderen gegenüber überlegen. Wir drücken damit unsere Macht aus und vermitteln mitunter den Eindruck, dass wir hier das Sagen haben. Fühlen wir uns unsicher oder ordnen uns dem Verhandlungspartner unter, dann senken wir das Kinn normalerweise ab. Sobald wir unsere

Kinnhaltung verändern, passiert auch etwas in unserem Gehirn. Gehen wir in den Tiefstatus, dann wird alles darauf vorbereitet, aus dieser – scheinbar bedrohlichen – Situation zu flüchten.[5] Das bedeutet, unser »normales« Denken funktioniert nicht mehr, und wir wollen nur noch raus. Gehen wir in den Hochstatuts, legt unser Gehirn einige Schalter um, und wir versuchen, die Situation zu beherrschen und zeigen teilweise sogar aggressivere Verhaltensweisen. Das alles passiert meist unbewusst, und es wirkt sich in den meisten Verhandlungssituationen negativ auf das Verhandlungsklima und damit verbunden auf das angestrebte Ergebnis aus – und zwar für uns. Die Veränderung unserer Kinnhaltung geschieht für gewöhnlich automatisch, eben weil wir uns in einer bestimmten Situation dominant oder unsicher fühlen. Mit der bewussten Veränderung der Kinnposition ändern wir jedoch auch unsere innere Einstellung. Befinden wir uns im Tiefstatus – weil uns beispielsweise eine Frage des Gegenübers verunsichert hat – können wir durch das Heben des Kinns auf Normalstatus dieser Unsicherheit entgegenwirken und auf Augenhöhe darauf reagieren.

Um gleich zu Beginn eine Beziehungsebene zum Verhandlungspartner aufzubauen, können Sie auf nonverbalem Wege drei Techniken einsetzen, die Sie im Idealfall gleichzeitig nutzen:

1. **Stellen Sie Blickkontakt her**

   Dieser findet gleich bei der Begrüßung statt, und auch während des Gespräches empfehle ich Ihnen, immer wieder den Augenkontakt zu suchen. Starren Sie jedoch Ihr Gegenüber nicht wie ein Raubtier an. Das bedeutet, halten Sie den Blick nicht minutenlang aufrecht, sondern unterbrechen Sie ihn immer wieder kurz, indem Sie beispielsweise für einen kurzen Moment Ihre Augen seitlich oder nach oben abwenden, ganz so, als ob Sie kurz nachdenken würden.
   Es versteht sich also von selbst, Augenkontakt zum Gesprächspartner aufzunehmen. Es gibt nur wenige Dinge, die unhöfli-

cher wirken, als den Blickkontakt zu vermeiden. Mehr noch: Wandern die Augen ständig nach unten, vermittelt man Unsicherheit oder mangelndes Selbstvertrauen.

2. **Setzen Sie ein Lächeln auf**

Für den Aufbau von Sympathie und eine vertrauensvolle Atmosphäre sollten Sie außerdem Ihr Lächeln einsetzen. Sie wirken dadurch nicht nur sympathischer, sondern Ihr Gehirn schüttet automatisch Glückshormone aus, wodurch Sie eine grundsätzlich positivere Sicht auf das bevorstehende Gespräch erhalten. Normalerweise reagiert der Gesprächspartner ebenfalls mit einem Lächeln, wobei auch er Glückshormone ausschüttet.
Dabei gibt es jedoch zwei Dinge zu beachten:
Lächeln ist nicht gleich Lächeln. So entdeckte der französische Neurologe Guillaume-Benjamin Duchenne Mitte des 19. Jahrhunderts, dass ein ehrlicher Ausdruck von Freude unter anderem von einem bestimmten Gesichtsmuskel geprägt ist, nämlich dem Musculus orbicularis oculi, dem großen Augenringmuskel. Dieser sorgt für ganz bestimmte Muskelkontraktionen an den Augen, und er lässt sich willentlich nicht beeinflussen.[6] Unsere Augen lächeln sozusagen mit, wenn wir ein »echtes« Lächeln, auch bekannt unter dem Begriff »Duchenne-Lächeln« aufsetzen. Täuschen wir Freude jedoch nur vor, dann bewegen wir zwar die Mundwinkel, unsere Augen bleiben aber weitgehend unbewegt. Sie sollten daher ein echtes Lächeln aufsetzen. Es genügt, sich lediglich zu sagen – oder vorzustellen – wie Sie sich auf das Verhandlungsgespräch freuen, und Ihr Gehirn wird das Duchenne-Lächeln aktivieren.
Der zweite Aspekt, den Sie beim Lächeln beachten sollten, ist die Feststellung, dass viel nicht automatisch viel hilft. Anders ausgedrückt bringt es nichts, wenn Sie während eines Verhandlungsgespräches ein Dauergrinsen aufsetzen. Sie sorgen damit höchstwahrscheinlich weniger für eine funktionierende Beziehungsebene, sondern eher für Verunsicherung des Ge-

genübers. Wenn Sie eine Mimik wie im LSD-Rausch aufsetzen, wird sich irgendwann Misstrauen einstellen, und damit ist Ihnen natürlich auch nicht geholfen. Viel besser ist es, passend zur Situation zu lächeln.

Wir lächeln normalerweise, um anderen zu signalisieren, dass wir keine Bedrohung darstellen. Gleichzeitig wird in verschiedenen Kulturen unterschiedlich mit dem Lächeln umgegangen. So ist in den meisten europäischen Ländern ein freundlicher Gesichtsausdruck ein für beide Seiten positives Signal, während es beispielsweise in einigen anderen Kulturen durchaus als Schwäche empfunden wird. Sollten Sie daher Verhandlungen mit Menschen unterschiedlichster Kulturen pflegen, dann erkundigen Sie sich vorher, ob ein Lächeln hilfreich ist oder nicht. Dazu empfehle ich Ihnen eine vertiefende Literatur oder die entsprechende Recherche im Internet.[7]

Ergänzend zum Lächeln können Sie außerdem immer wieder ein wohldosiertes bestätigendes Nicken einsetzen. Es dient als Verstärker und unterstützt dadurch ebenfalls eine positive Beziehungsebene. Insgesamt wird dadurch außerdem ein aktives Zuhören signalisiert.

3. **Wenden Sie symmetrische Gesten an**

Zunächst einmal sollten Sie insbesondere zu Beginn einer jeden Verhandlung die Hände für den anderen gut sichtbar halten und beispielsweise auf dem Verhandlungstisch ablegen, statt sie unter dem Tisch zu verstecken. Können wir die Hände unseres Gesprächspartners nicht sehen, dann fühlen wir uns verunsichert und versuchen, mit dieser scheinbaren Bedrohung umzugehen, wahlweise durch Hoch- oder Tiefstatus. In unserem primitiven Steinzeitgehirn vermitteln versteckt gehaltene Hände Gefahr, denn schließlich könnten Sie eine Waffe vor Ihrem Gegenüber verbergen. Selbstverständlich gehen wir heute nicht mehr so häufig mit Axt und Steinbeil in Verhandlungsgespräche, doch jener Teil unseres Gehirns, der auf unser

Überleben ausgerichtet ist, ist davon noch nicht so ganz überzeugt. Viele wissenschaftliche Untersuchungen haben gezeigt, dass Gesprächssituationen, in dessen Verlauf zumindest einer der Gesprächspartner vorwiegend die Hände hinter dem Rücken oder – wenn das Gespräch im Sitzen durchgeführt wurde – unter dem Tisch verbirgt, zu weitaus schlechteren Ergebnissen führen.[8]

Dann sollten Sie insbesondere in einer frühen Phase des Verhandlungsgespräches – und immer wieder während der Verhandlung – auf eine symmetrische Haltung Ihrer Hände achten. Das erreichen Sie, indem Sie die Hände etwa vor sich am Tisch ablegen oder sie im Stehen vor dem Körper halten sowie Ihre Hände gleichzeitig, statt lediglich nur eine Hand zu bewegen. Wir Menschen führen eine symmetrische Handhaltung automatisch durch, wenn sich beide Gesprächspartner in einer positiven Grundstimmung befinden. Eine asymmetrische Handhaltung – beispielsweise der drohende Zeigefinger – erzeugt Druck und Dominanz und verschlechtert die Beziehungsebene, zumindest für einen Moment.

Denken Sie während des Verhandlungsgespräches immer wieder an die symmetrischen Handbewegungen, an das Lächeln sowie an den Blickkontakt. Unser Gehirn nimmt nämlich permanent eine Einschätzung der Situation vor, und eine vertrauensvolle Atmosphäre entwickelt sich vor allem dann, wenn sich die gegenseitige Beziehungsebene auf einem beständig positiven Niveau befindet. Er genügt demnach nicht, lediglich bei der Begrüßung die zuvor beschriebenen Techniken anzuwenden und im weiteren Verlauf die Körpersprache und Mimik eines kolumbianischen Auftragskillers aufzusetzen.

Selbstverständlich passen Ihre nonverbalen Signale mit Ihren Aussagen überein. Wenn Sie etwa ein gütiges Lächeln aufsetzen in Verbindung mit einer friedvollen symmetrischen Handgeste und gleichzeitig Ihrem Gesprächspartner wissen lassen, dass Sie sein Angebot unter keinen Umständen einzugehen gewillt sind und es sogar als Beleidigung empfinden, dann entsteht ein Kommunikationsbruch. Inhalt und Körperhaltung passen nicht zusammen. Vermutlich erinnert sich dann Ihr Gegenüber in diesem Moment an den Mafia-Klassiker *Der Pate* und wird gedanklich bereits mit gepackten Koffern das Land verlassen wollen.

Ihre Wortwahl

Sie können nicht nur auf der nonverbalen Ebene eine positive Beziehungsebene aufbauen. Als zusätzlicher Verstärker helfen Ihnen dabei auch Gemeinsamkeiten und Komplimente.

Je mehr Gemeinsamkeiten wir gegenseitig erkennen, umso schneller bauen wir Vertrauen zueinander auf. Gemeinsame Interessen und auch ein ähnlicher Geschmack bei Kleidung, Literatur, Filmen oder Ansichten zählen dazu. Je mehr Gemeinsamkeiten Sie schon zu Beginn oder noch vor der eigentlichen Verhandlung im Small Talk herstellen können, umso besser wird sich die Beziehungsebene entwickeln.

Auch – ehrlich gemeinte – Komplimente wirken sich positiv aus, jedoch nur dann, wenn sie der Empfänger auch annimmt. Das bedeutet, selbst wenn Sie Ihren Gesprächspartner mit Komplimenten nur so überschütten, wird es keine Wirkung erzeugen, sollte er sie als heuchlerisch empfinden.

Es werden jedoch auch geschickt eingestreute positive Verstärker von unserem Gehirn als Kompliment erkannt. Dazu zählen beispielsweise nickende Kopfbewegungen, positive Begriffe – etwa »ja«, »sehr gut«, »wunderbar« et cetera – und Zustimmung als Reaktion auf Aussagen Ihres Gegenübers. Auch hier gilt natürlich, dass erst die Dosis das Gift ausmacht. Anders ausgedrückt: Übertreiben

»Ich brauche Gegner, keine Opfer«

Sie es bitte nicht. Wenn Sie bei jeder noch so trivialen Aussage Ihres Verhandlungspartners in wahre Begeisterungsstürme verfallen, wird die Wirkung des Kompliments garantiert sehr schnell verpuffen.

Insgesamt sollten Sie besonders zu Beginn auf positive Gesprächsthemen achten und vermeiden, tendenziell konfrontative Dinge, wie beispielsweise die extrem frustrierende Parkplatzsituation am Besprechungsort, anzusprechen.

Dazu zählt übrigens auch, sämtliche Formen der Ablehnung zu vermeiden. Wenn Sie ein »Nein« insbesondere zu Beginn äußern, kann es sich auch auf die Beziehungsebene auswirken. So sollten Sie beispielsweise vermeiden, das Angebot für ein Getränk Ihres Gastgebers abzulehnen. Wird Ihnen etwa ein Kaffee oder ein Tee zu Beginn angeboten, dann nehmen Sie ihn besser dankend an, selbst wenn Ihnen eine weitere Tasse vermutlich eine schlaflose Nacht bereitet. Es ist nicht nötig, den Kaffee anschließend herunterzustürzen, vielmehr genügt es vollkommen, lediglich einen Schluck davon zu nehmen.

Neben dem Aufbau einer positiven Beziehungsebene ist vor allem die Art und Weise, wie Sie sprechen, ein wichtiger Erfolgsfaktor für die Vertragsverhandlung. Sichere, selbstbewusste Verhandlungspartner sprechen gut hörbar, sie nuscheln oder flüstern nicht. Sie drücken Ihre Verhandlungspositionen klar aus und nehmen sich dafür Zeit.

Vielleicht erinnern Sie sich noch an Ihre Kindheit, wenn Sie etwas angestellt haben. Angenommen, Sie wurden dabei erwischt, und Sie erhielten eine Standpauke von einem Ihrer Eltern. In vielen Fällen waren Sie dann kleinlaut, weil Sie genau wussten, dass Sie diese verbale Schelte auch verdient hatten. Wenn Sie in einer Verhandlungssituation genauso reden, wie damals in dieser Situation in Ihrer Kindheit, dann wirken Sie nicht nur unsicher auf Ihr Gegenüber, sondern Sie selbst empfinden auch so.

Um einen möglichst sicheren, selbstbewussten und sympathischen Eindruck zu hinterlassen, sollten Sie daher

- langsam sprechen und immer wieder kurze Sprechpausen einlegen.
- tendenziell positive Begriffe verwenden.
- kurze Sätze bilden.
- auf Weichmacher und Verniedlichungen weitgehend verzichten.

Langsames Sprechen, oder – falls es Ihnen schwerfällt – immer wieder kurze Pausen von knapp einer Sekunde einzufügen vermittelt Selbstvertrauen. Es lässt Sie daher selbstsicher wirken, und Sie verleihen damit Ihren Worten mehr Gewicht. Auch sollten Sie in Verhandlungsgesprächen in erster Linie positive Begriffe verwenden. Negativ besetzte Worte wie Problem, Risiko, Gefahr et cetera lösen bei vielen Menschen unbewusst eine Bedrohung aus. Das bedeutet, die Beziehungsebene in einem Verhandlungsgespräch kann sich alleine durch den Gebrauch negativer Begriffe verschlechtern. Selbstverständlich benötigen wir in unserer Kommunikation auch derartige Worte, nur setzen Sie diese bitte bewusst und sparsam ein. Vermeiden Sie idealerweise Floskeln, wie »kein Problem«, und sagen Sie stattdessen beispielsweise »alles in Ordnung«.

Nutzen Sie stattdessen negative Begriffe, um ganz gezielt auf eine Gefahr, ein Risiko oder ähnliches hinzuweisen. Wenn Sie diese Empfehlung konsequent anwenden, erzeugen Sie schnell eine vertrauensvolle Atmosphäre und erreichen auch leichter Ihre Ziele.

Dann sollten Sie grundsätzlich darauf achten, eher kurze Sätze zu sprechen. Lange Schachtelsätze sind häufig ein Zeichen von

Unsicherheit, und ein erfahrener Verhandlungspartner erkennt so etwas. Er wird dann vermutlich versuchen, Sie weiter zu verunsichern – indem er beispielsweise kritische Fragen stellt –, um dann aus dieser Situation Vorteile in der Vertragsverhandlung herauszuschlagen, etwa in Form von Zugeständnissen. Schließlich sollten Sie darauf achten, Weichmacher und Verniedlichungen in Verhandlungsgesprächen weitgehend zu vermeiden. Begriffe wie »eventuell«, »eigentlich«, »ein wenig«, »ein bisschen«, »vielleicht« oder Konjunktive wie »könnte«, »würde«, »dürfte« dienen dazu, unsere Aussage aufzuweichen.

Nehmen wir an, Sie werden im Rahmen einer Vertragsverhandlung bei einem bestimmten Vertragspunkt gefragt, ob es hier noch Verhandlungsspielraum gibt. Nehmen wir weiter an, Sie antworten darauf mit: »Eigentlich nicht.« Welche Botschaft bleibt beim Verhandlungspartner hängen? Richtig: »Eigentlich ja.« Sie vermeiden derartige Begriffe am besten, indem Sie sich kurz Zeit nehmen, bevor Sie antworten. Überlegen Sie sich, wie Ihre Antworten lauten soll, und dann sprechen Sie Ihre Gedanken erst aus. Diese Technik wird »vorausdenkendes Sprechen« genannt, und sie geht nach einer kurzen Übungsphase sehr schnell in Fleisch und Blut über.

Wenn Sie die Vertragsverhandlung ausschließlich über das Telefon führen und Ihren Gesprächspartner nicht zu Gesicht bekommen, dann stehen Ihnen ausschließlich Ihre Stimme und Ihre Worte als Kommunikationskanal zur Verfügung. In solchen Fällen sollten Sie ein besonderes Augenmerk auf die soeben vorgestellten vier Punkte legen.

Wenn Sie alle diese Punkte berücksichtigen, befinden Sie sich fast automatisch auf Augenhöhe Ihres Verhandlungspartners, ganz gleich, in welcher Position er sich befindet. Vor allem, wenn Sie um einiges jünger als Ihr Gesprächspartner sind, werden Ihnen diese Empfehlungen helfen, von der anderen Verhandlungsseite akzeptiert zu werden. Vorausgesetzt natürlich, Sie haben sich gut auf das Gespräch vorbereitet und besitzen ausreichende fachliche Kenntnis.

Wenn der Aufbau der Beziehungsebene nicht funktioniert

Es gibt in Vertragsverhandlungen Situationen, die den Aufbau einer Beziehungsebene mitunter verhindern, zumindest weitgehend unmöglich machen.

Diese Situation kann eintreten, wenn

- die Vertragsverhandlung ausschließlich telefonisch oder schriftlich durchgeführt wird, oder
- zwischen den Gesprächspartner keine Sympathie entsteht.

Falls die Verhandlungsrunden ausschließlich auf verbalem oder schriftlichem Wege stattfinden, fehlt die Möglichkeit der nonverbalen Kommunikation, wodurch der Aufbau einer Beziehungsebene erschwert wird.

Werden die Verhandlungsgespräche am Telefon geführt, können wir unsere Stimme und Gemeinsamkeiten sowie Komplimente nutzen, um den Verhandlungspartner für uns zu gewinnen. Beispielsweise, indem Sie Tonhöhe, Sprechrhythmus und Sprechtempo an Ihr Gegenüber anpassen. Zusätzlich gilt auch hier: Verwenden Sie tendenziell positiv besetzte Begriffe statt negativer Worte, weisen Sie auf gemeinsame Interessen hin, und setzen Sie zumindest positive Verstärker ein, um auf diese Weise subtile Komplimente zu streuen. Als positive Verstärker werden kurze Bestätigungen verstanden, die dem anderen zeigen, dass Sie seiner Meinung folgen oder seine Argumente wertschätzen. So kann ein kurzes »Ja« als Einleitung für eine Antwort das Gesprächsklima verbessern. Aber auch Floskeln, wie »Guter Vorschlag«, »Interessante Idee« oder »Das ist ein wichtiger Punkt« können zu einer soliden Beziehungsebene führen. Wichtig dabei ist immer, dass Sie derartige Anmerkungen ehrlich meinen, denn eine Reaktion, die wir lediglich vortäuschen, merkt die Person am anderen Ende der Leitung.

Da wir am Telefon die Reaktion unseres Gesprächspartners nicht sehen können, fällt es uns weit schwerer, ihn einzuschätzen. Achten Sie also besonders auf eine Veränderung seiner Stimme und der Kommunikation. Beides kann beispielsweise ein Hinweis sein, dass er mit Ihren Ausführungen nicht einverstanden ist, etwa, wenn plötzlich ein scharfer Unterton herauszuhören ist. Auch ein hörbares Ausatmen kann ein Hinweis für Unzufriedenheit oder eine aufkommende Missstimmung sein.

Findet der Austausch ausschließlich schriftlich – etwa per E-Mail – statt, dann können wir diese Techniken – wenn auch nur in abgeschwächter Form – ebenfalls nutzen, mit Ausnahme natürlich der Techniken, die unsere Stimme betreffen. Beachten Sie jedoch, dass hier eine spontane Reaktion auf unsere Nachricht immer fehlt. Sie können daher an der Antwort auf Ihre Nachricht nicht automatisch erkennen, ob der andere darüber entweder erfreut oder verärgert reagiert hat. Deshalb sollten Sie in sämtlichen Gesprächen den direkten Austausch bevorzugen, wenn Sie das Verhalten des Verhandlungspartners einschätzen wollen.

Aber wie geht es weiter, wenn beide Verhandlungspartner sich vom ersten Moment an unsympathisch sind? Nach meiner Erfahrung führt eine gegenseitige Antipathie lediglich in wenigen Ausnahmefällen zum wirtschaftlichen Erfolg.

Bei einfachen Verhandlungssituationen kann sich ein Verhandlungserfolg durchaus einstellen, selbst wenn keine funktionierende Beziehungsebene vorhanden ist. Handelt es sich jedoch um eine komplexe Vertragsverhandlung, sind unlösbare Konflikte bei strittigen Vertragspunkten nur selten zuträglich. Auch wenn beide Verhandlungsteams aus jeweils mehreren Personen bestehen, kann ein erfolgreicher Abschluss zustande kommen, doch im Zweifel sollten Sie überlegen, ob ein Austausch von Teammitgliedern, denen eine gestörte Beziehungsebene zueinander im Wege steht, wirklich zu einem schnelleren sowie wirtschaftlich besseren Resultat führt. Bei Verhandlungen zwischen zwei Unternehmen findet ein Austausch von Verhandlungsteams durchaus häufiger statt, und normalerweise findet sich immer ein adäquater Ersatz. Im privaten Umfeld gestaltet es sich mitunter schon etwas schwieriger. Hier empfehle ich Ihnen, eine Person Ihres Vertrauens einzusetzen. Dabei kann es sich um ein Ihnen nahestehendes Familienmitglied handeln oder auch um einen Freund, dem Sie vertrauen.

Weitere Aspekte zum Verhandlungseinstieg

Vor allem wenn Sie einen Vertrag verhandeln, der die Basis für eine künftige – oftmals langfristige – Zusammenarbeit schafft, sollten Sie gerade zu Beginn darauf achten, ob Ihr künftiger Vertragspartner auch tatsächlich zu Ihnen oder zu Ihrem Unternehmen passt. Es gibt nur wenig schlimmere Erfahrungen, als sich an einen Geschäftspartner zu binden, der sich nach kurzer Zeit als vollkommen falsche Wahl herausstellt. Sie haben sicherlich nichts davon, wenn sich Ihr künftiger Lieferant etwa als völlig unzuverlässig herausstellt und Sie nie wissen, ob Sie zeitgerecht mit Produktlieferungen rechnen können oder ob Warenlieferungen nur nach dem Zufallsprinzip erfolgen oder überhaupt nie ankommen. So eine Zusammenarbeit kann sich sogar als existenzgefährdend herausstellen, wenn Sie von diesem Lieferanten abhängig sind, weil sie entweder der Vertrag zur Zusammenarbeit zwingt und erst komplizierte Mechanismen zur Lösung des Vertrages beachtet werden müssen oder weil die Suche nach einem anderen Geschäftspartner viel zu lange dauern würde.

Oftmals gibt es sie, die auf den ersten Blick unscheinbar wirkenden Signale, die wertvolle Hinweise darauf liefern, wie der künftige Geschäftspartner tickt oder welche Werte und Prinzipien ihn antreiben. So könnte der herablassende und cholerische Umgang, den Ihr Verhandlungspartner gegenüber seinen Mitarbeitern anschlägt, durchaus auch ein Zeichen für die künftige Zusammenarbeit mit Ihnen sein.

Achten Sie daher neben der Art und Weise, wie die Menschen des anderen Unternehmens miteinander umgehen, auch darauf, wie und wo sich der Unternehmenssitz selbst präsentiert. Befindet sich etwa das Unternehmen, das sich als »technologischer Vorreiter mit hohem innovativem Ansatz« und »künftiger Weltmarktführer in der Fertigungsrobotik« präsentiert, in einer schäbigen Bruchbude in einer Gegend, die man ohne eine militärische Spezialeinheit im Schlepptau niemals betreten würde? Oder läuft das Computerequipment der Belegschaft bestenfalls mit Windows 95? Derartige Beobachtungen hängen nicht automatisch mit der Qualität und Arbeitsleistung eines Unternehmens zusammen, aber Vorsicht ist geboten.

Auch wenn der Verhandlungsbeginn – oder vielleicht bereits die Phase zuvor – ausgesprochen holprig verlief oder wenn schon erste Streitigkeiten aufkamen, sollten Sie sich fragen, ob es unbedingt dieser künftige Geschäftspartner sein muss oder ob doch noch weitere Alternativen existieren. Etwa, wenn die Entscheidung über den Verhandlungsort in handfesten Diskussionen ausartete, die beinahe jedwede Stimmung vergifteten. Überlegen Sie sich bereits zu Beginn, wie die künftige Zusammenarbeit ablaufen könnte, und sollte das bei Ihnen schon ein seltsames Gefühl in der Magengegend verursachen, dann ziehen Sie wohl besser die Reißleine, solange es noch möglich ist. Es gibt viele dieser vagen Anzeichen, die mitunter tief in das Verhalten und in die Wertewelt von künftigen Geschäftspartnern blicken lassen. Beispielsweise die notorische Unpünktlichkeit in sämtlichen Situationen; das sture Beharren auf noch so kleinen Punkten; die Essenseinladung, die damit endet, dass doch beide Seiten für sich bezahlen; die vielen versprochenen Antworten, die seltsamerweise nie in Ihrem E-Mail-Eingang ankamen und vieles mehr. Selbstverständlich kann es sich dabei immer um eine falsch verstandene Abstimmung handeln, um unglückliche Zufälle, um technische Fehler et cetera. Wenn sich so etwas jedoch häuft, dann ist fast immer Vorsicht geboten.

Wenn eine Vertragsverhandlung zu einem einmaligen Zweck geführt wird – etwa im Falle eines Immobilienerwerbs –, dann können Sie vielleicht darüber hinwegsehen, falls es trotzdem zu einem für Sie positiven Abschluss kommt. Bei einer längerfristigen Zusammenarbeit kann sich ein unzuverlässiger, zwischenmenschlich inkompetenter oder schlicht einfach verrückter Vertragspartner als fatale Entscheidung erweisen. Dabei steht oftmals nicht einmal die wirtschaftliche Katastrophe im Vordergrund. Es genügt bereits, wenn dieser Ihnen den letzten Nerv raubt oder Ihnen – wie ein Vampir – sämtliche Energie aussaugt.

Bei komplexen Vertragsverhandlungen sollten Sie sich auch überlegen, mit der Gegenseite eine Agenda abzustimmen. Darin legen Sie fest, wann welche Verhandlungsteilnehmer an den jeweiligen Gesprächsrunden teilnehmen, und Sie bestimmen darin auch den Ablauf der Vertragspunkte, die es zu verhandeln gilt. Dieses Vorgehen empfehle ich Ihnen insbesondere, wenn Themen besprochen werden, die eine unterschiedliche fachliche Expertise benötigen, oder wenn das Vertragswerk sehr umfangreich ausfällt. Fehlt eine Agenda, dann kann die Vertragsverhandlung schnell zu einem Chaos führen.

Das ist beispielsweise dann der Fall, wenn der Vertragspartner fordert, »nur mal eben« über den Preis zu verhandeln, und die Details und weiteren Konditionen sollen dann die Fachabteilungen im Nachgang übernehmen. Wenn Sie hier auf eine detaillierte Besprechung des 100-seitigen Vertrages gehofft und sich schon auf eine Nachtschicht eingestellt hatten, ist die Enttäuschung auf beiden Seiten vorprogrammiert. Ein derartiges Szenario kann durch eine klar kommunizierte Agenda der Verhandlung verhindert werden.

Ich kann Ihnen nur empfehlen, bereits zu Beginn für eine klare Kommunikation zu sorgen, damit Ihnen Irrtümer oder ein chaotischer Verlauf der Vertragsgespräche erspart bleiben.

KAPITEL 4

Persönlichkeitstypen in Vertragsverhandlungen

Möglicherweise lernen Sie Ihren Verhandlungspartner erst bei Beginn der ersten Verhandlungsrunde persönlich kennen. Denken Sie daran, vor diesem Treffen ausreichende Recherchen anzustellen. Zuvor haben Sie auf schriftlichem Wege oder vielleicht per Telefon einen Austausch geführt. In diesem Fall sollten Sie sich schnell einen Eindruck darüber verschaffen, welches Temperament und welche Verhaltensmuster Ihr Gesprächspartner besitzt, um sich auf ihn einstellen zu können. Wenn Sie die andere Seite richtig einschätzen können, bauen Sie die passende Verhandlungsstrategie auf, um Ihre Ziele besser durchzusetzen. Das bedeutet gleichzeitig auch, dass Sie sich selbst einschätzen sollten. Je besser Sie Ihre Verhaltensmuster kennen, umso genauer können Sie Ihr Verhalten während der Vertragsverhandlung steuern.

Im Laufe der Jahre widmeten sich viele Wissenschaftler der Typisierung von menschlichen Verhaltensweisen, und einige davon lassen sich für Verhandlungssituationen anwenden. Unter dem Begriff »Persönlichkeitstypen« wird in der Psychologie eine Klassifizierung von Typen verschiedener Individuen verstanden. Dabei kann es sich um unterschiedliche Personengruppen handeln, aber auch um verschiedene Persönlichkeitsmerkmale, die für den jeweiligen Typus charakteristisch sind.[9] Die aus meiner Sicht für Verhandlungssituationen wichtigsten Persönlichkeitstypen stelle ich Ihnen nun vor.

Das DISG®-Modell

Es handelt sich dabei um ein Verfahren zur Erstellung eines Persönlichkeitsprofils, und der amerikanische Psychologe William Marston gilt als Begründer dieses Modells. Er kam aufgrund von Verhaltensforschungen in den 20er-Jahren des letzten Jahrhunderts zu der Erkenntnis, dass menschliches Verhalten größtenteils dadurch beeinflusst wird, ob eine Person ihre Umgebung eher als günstig oder ungünstig wahrnimmt und wie stark sie sich in ihrem Umfeld sieht.[10]

Daraus entstanden vier Grundtypen der Persönlichkeit, denen jeweils eine Farbe zugeordnet wird:

- Dominant (D) – extrovertiertes und aufgabenorientiertes Verhalten – Farbe: Rot.
- Initiativ (I) – extrovertiertes und menschenorientiertes Verhalten – Farbe: Gelb.
- Stetig (S) – introvertiertes und menschenorientiertes Verhalten – Farbe: Grün.
- Gewissenhaft (G) – introvertiertes und aufgabenorientiertes Verhalten – Farbe: Blau.

Nach dem DISG®-Modell ist in jeder Persönlichkeitsstruktur jede Verhaltenstendenz aus den vier Bereichen vorhanden, jedoch ist sie normalerweise in unterschiedlicher Intensität ausgeprägt. Zusätzlich werden die meisten Menschen von mindestens zwei dieser vier Verhaltensweisen bestimmt.

Dominant

Entschlossen, willensstark, herausfordernd, konkurrierend, ergebnisorientiert, stur, bestimmend, durchsetzungsfähig, direkt, offen, mutig, aggressiv, hartnäckig, ruhelos, anspruchsvoll.

Menschen mit dominantem Verhaltensstil versuchen, Dinge zu kontrollieren, Probleme zu lösen und schnelle Ergebnisse zu erzielen. Sie stellen gerne den derzeitigen Status quo infrage und bevorzugen direkte Antworten, vielfältige Tätigkeiten und Unabhängigkeit. Sie übernehmen normalerweise die Initiative, entwickeln rasch Freude am Wettbewerb und an Herausforderungen und treffen außerdem gerne schnelle Entscheidungen. Grundsätzlich gelten sie als direkt, konkret und manchmal auch als grob. Sie stehen gerne im Mittelpunkt, verlangen viel von sich und anderen und können eine starke Willenskraft entwickeln, um ihre Ziele – eventuell auch gegenüber anderen – durchzusetzen.

Umgang mit dem dominanten Typ: Er weiß normalerweise, was er will. Meist vertritt er die Meinung, bestens Bescheid zu wissen und ist gegenüber den Lösungsvorschlägen seiner Verhandlungspartner eher skeptisch eingestellt. Nutzen Sie daher sein Wissen, drehen Sie Ihre Argumente entsprechend, und im Idealfall verkaufen Sie ihm Ihre Lösung als die seine. Reden Sie dabei nicht um den heißen Brei. Versuchen Sie herauszufinden, welche Motivation ihn antreibt, denn nur so können Sie identifizieren, was er tatsächlich möchte. Dabei helfen etwa konkrete Fragen nach seinem Kaufwunsch. Beachten Sie dabei, dass er sich die Kaufentscheidung nicht diktieren lassen will, sondern selbst treffen möchte.

Initiativ

Beziehungsorientiert, beeinflussend, begeisternd, emotional, gesprächig, anregend, optimistisch, spontan, gesellig, freundlich, nett, inspirierend, fröhlich, gewinnend, kontaktfreudig, verspielt, gesprächig, unterhaltsam.

Menschen mit diesem Verhaltensstil knüpfen gerne Kontakte und möchten andere von ihren Ansichten überzeugen. Sie erkennen diese Menschen an ihrer Offenheit, ihrem Optimismus, und sie drücken ihre Gedanken und Gefühle gerne in Worten aus. Der initiative Typ bevorzugt Aktivitäten in der Gruppe und versucht, andere zu motivieren sowie sie zu Teams zusammenzubringen, um ihre Ziele zu erreichen. Dieser Typ arbeitet besonders effektiv, wenn er keiner Kontrolle oder Detailarbeit unterworfen wird. Initiative Verhaltenstypen handeln im Allgemeinen spontan und sind nur so weit wie nötig diszipliniert. Häufig sind sie voller Tatendrang und Energie, verschwenden diese jedoch meist, da sie sich in zu vielen Aktivitäten verzetteln oder kein festes Ziel verfolgen.

Umgang mit dem initiativen Typ: Sie sollten nicht sofort in die Vertragsverhandlung einsteigen, sondern einige Zeit für Small Talk reservieren. Versuchen Sie, eine Beziehungsebene herzustellen, denn damit fühlt sich der initiative Typ zumeist wohl. Sollte er mit seinen mitunter themenfremden Ideen konfus wirken, dann führen Sie ihn am besten wieder zum eigentlichen Gesprächsthema zurück. Eine Mischung aus einer guten Beziehungsebene und einem inhaltlich von Ihnen gesteuerten Verhandlungsgespräch ist bei ihm empfehlenswert.

Stetig

Treu, loyal, hilfsbereit, teamfähig, unterstützend, bescheiden, bewahrend, geduldig, pragmatisch, zuverlässig, ausgleichend, entspannt, aufmerksam, beständig, rücksichtsvoll, gutmütig, einsichtig, mitfühlend, verbindlich.

Menschen mit stetigem Verhaltensstil vermeiden große Veränderungen oder begegnen ihnen zumindest mit Unbehagen. Sie bemühen sich, ein berechenbares, organisiertes Umfeld zu schaffen, und sind meist geduldige Zuhörer. Sie fühlen sich in einer stabilen und harmonischen Atmosphäre mit klaren Vereinbarungen und vorhersehbaren Abläufen am wohlsten. Dem stetigen Verhaltenstyp fällt es eher schwer, sich selbst zu verkaufen, und er zeigt weniger Tatendrang und Energie als Menschen mit dominantem oder initiativem Verhaltensstil.

Umgang mit dem stetigen Typ: In Verhandlungsgesprächen bevorzugt dieser Typ Sicherheit und Bewährtes. Er geht nicht gerne Experimente ein und arbeitet beispielsweise lieber mit dem Marktführer zusammen als mit dem innovativen Start-up. Bringen Sie Ihre Erfahrung in das Gespräch mit ein, und sollten Sie neu in Ihrem Bereich sein, dann nehmen Sie idealerweise einen Kollegen mit, der über einen großen Erfahrungsschatz verfügt. Zeigen Sie sich verlässlich und halten Sie Versprechen ein. Normalerweise benötigt der stetige Typ eine gewisse Bedenkzeit, bevor er seine Entscheidung trifft, daher sollten Sie ihn nicht drängen.

Gewissenhaft

Detailorientiert, selbstdiszipliniert, vorsichtig, analytisch, logisch, systematisch, genau, reserviert, gründlich, beherrscht, akkurat, vorausplanend, reserviert, vorsichtig.

Menschen mit einem ausgeprägten gewissenhaften Verhaltensstil bevorzugen Ordnung, Disziplin und eine sachliche Atmosphäre, um Dinge in guter Qualität erledigen zu können. Sie bevorzugen eine sorgfältige Analyse und legen an sich selbst und andere hohe

Standards. Ihre Vorgehensweise lässt sich am besten als systematisch und präzise bezeichnen. Sie berücksichtigen alle wichtigen Details, wobei sie sich darin oft verlieren. Dieser Verhaltenstyp ist eher diplomatisch veranlagt. Bei bevorstehenden Konflikten wägt er Pro und Contra sorgfältig ab, bevor er sich darauf einlässt. Aus diesem Grund bevorzugt er ein Umfeld mit klar definierbaren Erwartungen, wobei er auch gerne bereit ist, Anweisungen zu folgen, sofern ihm diese sinnvoll erscheinen. Er legt zudem grundsätzlich Wert darauf, dass seine besonderen Fähigkeiten und Leistungen anerkannt werden.

Umgang mit dem gewissenhaften Typ: Bei ihm handelt es sich um einen organisierten und aufgabenorientierten Typ, der auf Small Talk durchaus verzichten kann. Da er Sie immer wieder mit Detailfragen konfrontieren wird, sollten Sie darauf stets gut vorbereitet sein. Achten Sie darauf, dass sämtliche Ihrer Angaben auch belegbar sind, sonst kann er misstrauisch werden. Außerdem sollten Sie unbedingt auf Pünktlichkeit und gut vorbereitete Unterlagen Wert legen. Vergleichbar mit dem stetigen Typ wird auch er vermutlich keine schnellen Entscheidungen treffen.

Nach dem DISG-Modell trägt jeder Mensch zumindest einen dieser Verhaltensstile in sich, wobei normalerweise – wie bereits erwähnt – eine Mischung aus mindestens zwei Bereichen vorhanden ist. Sie sollten daher Ihren Verhandlungspartner entsprechend einschätzen, um seine Verhandlungsstrategie und auch seine Verhaltensweise besser einordnen zu können. Das kann Ihnen wertvolle Vorteile im Verhandlungsgespräch einbringen. Gleichzeitig empfehle ich Ihnen, sich auch selbst zu analysieren. Je nachdem, welche Verhaltensstile bei Ihnen vorwiegend ausgeprägt sind, neigen Sie zu ganz bestimmten Verhaltensmustern, die Sie beeinflussen.

Die Motivationstypen

Der deutsche Psychologe Prof. Dr. Werner Correll entwickelte ein Modell, das darauf basiert, unter welchen Voraussetzungen Menschen eine besonders hohe Eigenmotivation entwickeln. Demnach hängt es von der jeweiligen Ausprägung ab – und auch hier sind Mischtypen häufig vorhanden – wie wir in bestimmten Situationen reagieren und wie wir uns von etwas überzeugen lassen.

Dabei geht Werner Correll von folgenden fünf Motivationstypen aus:[11]

Soziale Anerkennung

Dieser Motivationstyp trifft seine Entscheidung nach der Grundmotivation »Streben nach sozialer Anerkennung«. In Verhandlungssituationen versucht er daher, vor allem Macht und Einfluss zu demonstrieren. Ein vermeintlich großes Netzwerk und der Umgang mit einflussreichen und wichtigen Personen sind ihm dabei wichtig, und er lässt Hinweise darauf immer wieder fallen. Bei ihm handelt es sich um einen extrovertierten Typ mit hoher Markenaffinität, die sich vor allem in seiner Kleidung und technischen Dingen ausdrückt. Seine Urlaube verbringt er in wohlklingenden Gegenden, wie beispielsweise auf den Seychellen oder in St. Moritz. Insgesamt sind ihm Statussymbole sehr wichtig, denn sie geben ihm ein Stück Sicherheit.

Achten Sie auf exklusive Kleinigkeiten, egal ob gefälscht oder echt. Die Ausübung und die Erwähnung von ausgefallenen Hobbys und Reisezielen spricht ebenso typischerweise für diesen Motivationstyp wie die häufige Verwendung der Ich-Form im Gespräch und eine ausladende Gestik. Im Verhalten gegenüber Vorgesetzten ist er auch an seinem Standpunkt zu erkennen, der entweder nicht vorhanden ist oder sich an dem des Vorgesetzten orientiert.

Umgang mit dem Motivationstyp »soziale Anerkennung«: Er lässt sich über prestigeträchtige Projekte und aussichtsreiche Benefits und Boni motivieren. Der Gedanke daran, im Unternehmen »nach oben« zu steigen, motiviert ihn ungemein, auch wenn es sich dabei lediglich um zeitlich befristete Projekte handelt. Außerdem reagiert er positiv auf Komplimente und lässt sich auf einen Deal ein, wenn er darin die Möglichkeit sieht, Prestige und Anerkennung in seinem Umfeld zu steigern.

Sicherheit

Der sicherheitsorientierte oder auch ängstliche Motivationstyp entspricht wohl eher dem Gegenteil des vorgenannten Typus. Er ist introvertiert, möchte nicht auffallen und das Streben nach Sicherheit und Geborgenheit ist sein erstes Grundbedürfnis. Das bedeutet nicht, dass dieser Typ nicht anerkannt werden will, aber eben nicht nur um der nach außen getragenen Leistung oder um des bewiesenen Prestiges willen, sondern ihm geht es um seine Persönlichkeit. Sich immer wieder neu beweisen zu müssen ist nichts für ihn.

Wenn er Kleidung kauft, muss die Marke nicht draufstehen. Die Qualität ist wichtig, und da ist er auch bereit, in diese Qualität zu investieren. Die Sachen müssen hauptsächlich halten.

Den Urlaub verbringt er am liebsten zu Hause, oder er geht in Deutschland oder Österreich wandern, wobei er als Hotelgast zu den typischen Stammgästen zählt.

Sein Streben nach Sicherheit und Geborgenheit drückt sich auch in einem Streben nach Überschaubarkeit und Transparenz aus.

Neue Situationen, die er nicht überblicken kann, erscheinen bedrohlich.

Umgang mit dem sicherheitsorientierten Motivationstyp: Da ihn Veränderungen schnell mal aus der Bahn werfen, liebt er auch Beständigkeit in Verhandlungssituationen. Neue Aspekte, unangekündigte Änderungen lehnt er tendenziell ab, bis er sich umfassend darüber informieren konnte. Es nützt nur wenig, ihn mit attraktiven Angeboten zu locken, wenn sich dahinter ein unbekanntes Terrain verbirgt. Viel besser ist es, den sicherheitsorientierten Typ auf ihn bereits bekannte Rahmenbedingungen oder langjährig erprobte Aspekte hinzuweisen. Er ist jemand, der Studien, Fachartikel und Produktvergleiche ausführlich studiert, bevor er eine Entscheidung trifft.

Vertrauen

Dieser Motivationstyp ist eher der Pragmatiker. Gleichzeitig besteht ein Grundbedürfnis nach Vertrauen und der Bezug zu einer Persönlichkeit, die oft als vorbildlich genommen wird.

Er ist auch bereit, für den Konsum oder den Genuss von Vertrauen zu bezahlen. In Äußerlichkeiten schlägt sich dieses Grundbedürfnis vor allem darin nieder, dass dieser Typ auf sein Erscheinungsbild nur wenig Wert legt. Er fährt einen Kombi, der vor allem fahren können muss. Der eine oder andere Kratzer am Fahrzeug stört ihn da nur wenig. Wenn etwas in seinem Umfeld kaputtgehen sollte, dann repariert er es selbst, denn er ist handwerklich recht begabt. Auch auf seine Kleidung legt er wenig Wert, praktisch muss sie sein.

Umgang mit dem Motivationstyp »Vertrauen«: Er ist angenehm im Umgang, loyal und zuverlässig. Ziehen Sie ihn ins Vertrauen, laden Sie ihn privat ein, und Sie haben jemanden, der sich für Sie zerreißen wird. Menschlich enttäuschen sollten Sie ihn jedoch nicht, denn er legt großen Wert auf ein intaktes und zuverlässiges Beziehungsnetzwerk. Vertraut er Ihnen, zeigt er sich als zuverlässiger Verhandlungspartner, der bei dem einen oder anderen Vertragspunkt durchaus zu Zugeständnissen bereit ist, jedoch lässt er sich nicht über den Tisch ziehen.

Selbstachtung

Dieser Motivationstyp präsentiert sich mitunter mit ganz speziellen Verhaltensweisen. Allen voran seine Prinzipientreue, die er in beinahe jeder Situation erkennen lässt. Im Verhandlungsgespräch hat das so seine Tücken, denn jegliche Abweichung von Rahmenbedingungen wird er zunächst einmal ablehnen. Er ist erst dann zu einem Zugeständnis bereit, wenn er von seiner Notwendigkeit überzeugt werden kann, und das erweist sich meist als ausgesprochen schwierig. Hinter diesem Verhalten steckt vor allem das Bedürfnis nach Selbstachtung. Das bedeutet, er legt an sich selbst einen hohen Moralkodex und ein hohes Maß an Prinzipientreue, die er von seinen Verhandlungspartnern ebenso erwartet.

Bei diesem Typus handelt es sich häufig um sehr intelligente und hochsensible Individuen, die danach streben, ihr Leben so auszurichten, dass es in nahezu 100-prozentiger Übereinstimmung mit ihren Werten und Normen steht. Er lässt sich leicht an seiner Orientierung nach Ordnung und Sicherheit erkennen. So bevorzugt er in erster Linie deutsche Automarken oder jene, die als besonders hochwertig bekannt sind. Sein Kleidungsstil ist akkurat, und er erfüllt den Anspruch an die jeweilige Situation. Seine Schuhe sind stets blank geputzt und sein Haar perfekt gekämmt

Seine größte Angst besteht darin, sein Gesicht zu verlieren, daher geben ihm Ordnung und Regeln auch Sicherheit. Aus diesem Grund neigt er auch dazu, selbst bei kleinsten Abweichungen für sein Recht zu streiten, und das drückt sich auch in seiner privaten Situation aus. Dort sind Rechtsstreitigkeiten beinahe an der Tagesordnung.

Er legt wenig Wert auf persönliche Beziehungen und verhält sich in Vertragsverhandlungen eher distanziert und neigt zur Rechthaberei. Neuen Dingen gegenüber ist er stets kritisch und misstrauisch. Im Team bleibt er für gewöhnlich eher isoliert. Vereinbarungen und Zusagen haben für ihn höchste Bedeutung, und selbst kleinste Abweichungen verursachen bei ihm Stress. Seine Ansichten sind starr, und er selbst gilt als unbeweglich. Manchmal ist er sogar eher bereit, sich zu ruinieren, als nachzugeben.

Umgang mit dem Motivationstyp »Selbstachtung«: In Verhandlungen sollte man ihm nichts versprechen, was man nicht zu 100 Prozent einhalten kann, außerdem wird er die AGB garantiert akribisch lesen und diese sollten juristisch in jedem Fall einwandfrei sein. Er wirkt meist als kritischer und sturer Verhandlungspartner, dem es vorwiegend »ums Prinzip geht«, mit einem ausgeprägten Sinn für Gerechtigkeit.

Unabhängigkeit

Dieser Typ strebt nach Unabhängigkeit und Eigenverantwortung. Er möchte in geistiger und wirtschaftlicher Unabhängigkeit leben und arbeiten können und trifft seine Entscheidungen selbst. In Verhandlungssituationen tritt er selbstbewusst auf, jedoch ist er durchaus ein eher hemdsärmeliger Typ. Im Gespräch ist er zielsicher, vertritt seinen Standpunkt sachlich, aber konsequent und mit einem gewissen Führungsanspruch.

Seine Kleidung ist üblicherweise casual, individualistisch, aber nicht auffallend. Sollte eine Kleiderordnung vorhanden sein, wird er auf seine persönliche Note nicht verzichten wollen.

In der Freizeit finden man diesen Typus an der Kletterwand oder beim Freitauchen. Oder er fährt Mountainbike in Verbindung mit Paragleiten.

Er ist jemand, der auf Understatement Wert legt. Über seine teure Fotoausrüstung redet er nicht, sondern setzt sie so ein, dass einem die Augen herausfallen, wenn man die fantastischen Fotos sieht.

Auf der anderen Seite zeigen diese Menschen nur eine geringe Loyalität dem Verhandlungspartner gegenüber. Es kann passieren, dass er plötzlich aus einer Verhandlung aussteigt, weil er sich von einem anderen Anbieter ein besseres Ergebnis verspricht. Er ist emotional wenig engagiert, und das zeigt sich auch in seinem Privatleben. Schließlich ist dieser Typus meist beruflich zwar erfolgreich, aber nicht unbedingt ein Mensch mit glücklichen Beziehungen.

Umgang mit dem unabhängigen Motivationstyp: In einer Vertragsverhandlung sitzt Ihnen bei diesem Motivationstypen ein zwar anspruchsvoller, jedoch auch grundsätzlich fairer Verhandlungspartner gegenüber. Er kämpft dabei um seine Vorteile, akzeptiert jedoch durchaus das eine oder andere Argument, wenn es ihm logisch oder sinnvoll erscheint. Gleichzeitig ist er auf seinen persönlichen Vorteil bedacht. Da Loyalität bei ihm nicht unbedingt in Großbuchstaben geschrieben steht, wechselt er den Vertragspartner, sofern er sich davon Vorteile verspricht. Geben Sie daher in der Verhandlung nicht zu schnell nach, denn er möchte einen Verhandlungspartner auf Augenhöhe. Begründen Sie Ihre Vorschläge und Entscheidungen, damit er sie nachvollziehen kann. Auf diese Weise können Sie ihn auch schnell überzeugen.

Sie sehen also auch in diesem Fall, dass die Einschätzung des richtigen Motivationstypus zu einigen Vorteilen in der Vertragsverhandlung führen kann. Wenn Sie nämlich Ihre Argumente und Ihre Verhandlungstaktik so aufbauen, dass diese wie dargestellt dem jeweiligen Typus entgegenkommen, wird er leichter zu überzeugen sein.

Weitere Verhandlungstypen

Jenseits der Persönlichkeitstypen tauchen in Verhandlungen oftmals noch weitere Typen auf, die ich Ihnen zumindest einmal in aller Kürze vorstellen möchte. Es handelt sich dabei um Verhandlungstypen, die Ihnen in der Praxis immer wieder begegnen werden. Streng genommen sind es Mischtypen aus den bereits genannten Grundtypen.

Der streitbare Typ

Dieser Verhandlungstyp verhandelt nicht, sondern er zieht vielmehr mit Streitross und voller Bewaffnung in den Krieg. Aus seiner Sicht sind seine Verhandlungspositionen allesamt fair und das einzig logische Ergebnis. Sobald jemand eine andere Meinung vertritt – oder abweichende Forderungen stellt –, nimmt er das persönlich und zieht in die Schlacht.

Der streitbare Typ möchte recht bekommen, kann häufig die persönliche Ebene nicht von der Sachebene unterscheiden und wirkt daher schnell aggressiv. Er ist durchaus bereit, bis zum Äußersten zu gehen, selbst wenn es für ihn zum Nachteil ist.

Wenn Sie auf diesen Typus treffen, sollten Sie sich überlegen, ob Sie überhaupt mit ihm in Verhandlung treten wollen. Falls ja, dann können Sie Ihre eigenen Verhandlungspositionen nur mit einigen Zugeständnissen durchsetzen. Andernfalls sollten Sie sich auf eine längere Verhandlungsphase einstellen, in der es meist konfrontativ zur Sache geht.

Der mit der Lust am Verhandeln

Er liebt es, sich an anderen zu reiben, und sieht die Vertragsverhandlung als eine Art Sport, an deren Ende der Bessere gewinnt. Zwar ist er durchaus bereit, andere Verhandlungspositionen zu akzeptieren, doch bis es soweit ist, zieht sich die ganze Angelegenheit in die Länge. Immer wieder wird er neue Vorschläge unterbreiten, die ihm selbstverständlich in erster Linie zugutekommen. Wenn Sie schon einmal auf einem orientalischen Markt ein Gewürz oder ein Parfüm kaufen wollten, dann konnten Sie den »Lustverhandler« bereits persönlich in Aktion erleben: Nachdem Sie die Leidensgeschichte seiner gesamten Familie kennenlernen durften und damit die Begründung, weshalb er Ihnen die Ware zu diesem Preis verkaufen kann, konnten Sie nach einigen Stunden den Marktstand wieder verlassen. Sie haben etwa die Hälfte des ursprünglichen Verkaufspreises gezahlt – und noch immer weit mehr, als die Ware tatsächlich wert ist – und dabei Unmengen an Tee konsumiert, der Ihnen permanent angeboten wurde.

In Vertragsverhandlungen sollten Sie auf diesen Verhandlungstyp und seine Spielchen bis zu einem gewissen Grad durchaus eingehen (immerhin stiehlt er Ihnen mehr Lebenszeit als nötig!), doch bleiben Sie bei Ihren Forderungen hart. Sein Jammern und seine Argumente dienen dazu, Sie zu verwirren. Und außerdem macht es ihm einfach Spaß. Das sollten Sie bei diesem Typus niemals vergessen.

Der Sprinter

Kaum haben Sie am Verhandlungstisch Platz genommen, wird Sie der Sprinter mit Forderungen konfrontieren, dabei immer auf einen schnellen Abschluss drängen und ständig Angebote unterbreiten, die nur jetzt – in dieser Sekunde – gültig sind. Seine Taktik besteht darin, durch künstliche Verknappung Druck aufzubauen und damit seine Forderungen durchzusetzen.

Lassen Sie sich davon nicht täuschen und bleiben Sie beharrlich. Notfalls brechen Sie die Gespräche ab, um ihn damit auszubremsen. Nach einer Pause können Sie die Vertragsverhandlung wieder aufnehmen, und er wird vermutlich an der einen oder anderen Stelle einlenken. Wenn Sie auf sein Tempo und seinen Verhandlungsdruck eingehen, haben Sie verloren.

Der Marathonläufer

Er ist das Gegenteil des Sprinters, denn er zieht Verhandlungsgespräche beinahe unendlich in die Länge. Immer wieder zieht er sich zurück, telefoniert mit irgendwelchen scheinbaren Hintermännern – oder Vorgesetzten – und präsentiert neue Vorschläge am Fließband. Seine Taktik besteht darin, Sie mürbe zu machen. Er hält stundenlange Gesprächsrunden bis spät in die Nacht spielend aus, und er weiß, dass die Zeit für ihn arbeitet.

Bei diesem Verhandlungstyp sollten Sie stetig auf Ergebnisse drängen und notfalls die Gespräche unterbrechen – wie es sich auch beim Sprinter empfiehlt. Sie sollten Ihre Verhandlungsziele gut kennen und stets ausgeruht in die Verhandlungsgespräche gehen. Und ja, nehmen Sie ruhig eine Flasche Wasser und ein, zwei Müsliriegel mit.

Persönlichkeitstypen in Vertragsverhandlungen

Bei allen vorgestellten Verhandlungstypen sollten Sie sich gut vorbereiten, denn nur dann vermeiden Sie es, über den Tisch gezogen zu werden. Eine exzellente Vorbereitung auf die Vertragsverhandlung ist von entscheidender Bedeutung für den Verhandlungserfolg. Wenn Sie aber erst einmal diese Typen kennen und in Verhandlungen erkennen, ist das fast schon die halbe Miete. Sie werden zukünftig nicht mehr durch das »merkwürdige« Verhalten des Gegenübers irritiert sein, sondern können es besser einordnen und mit den vorgenannten Mitteln parieren.

Dann gibt es auch noch die besonders schwierigen Verhandlungspartner mit durchaus fragwürdigen Eigenschaften. Auch hier lassen sich – zumindest grobe – Einteilungen vornehmen.

Sie sollten dabei insbesondere mit folgenden herausfordernden Gesprächspartnern rechnen:

– Der Verschlossene
– Der Choleriker
– Der Unzuverlässige
– Der Misstrauische
– Der, der nie Zeit hat

Bei diesen Verhandlungstypen handelt es sich normalerweise um Persönlichkeitseigenschaften, die mitunter bewusst verstärkt werden, um Sie zu verunsichern, zu irritieren oder einzuschüchtern. Doch im Wesentlichen spiegeln sie die Persönlichkeit dieses Menschen wider. In seltenen Fällen setzen Verhandlungspartner eine bestimmte Eigenschaft gezielt ein, ohne sie jedoch tatsächlich zu besitzen. So kann es vorkommen, dass der sonst lammfrohe Gesprächspartner plötzlich zum cholerischen Dämon mutiert und erst damit aufhört, wenn er sein Ziel erreichen konnte. Dieses Verhalten kommt jedoch eher selten vor und benötigt zudem ein gewisses Maß an schauspielerischem Können, das nicht jedem gegeben ist.

Der Verschlossene

Er lässt sich jede Information nur widerwillig aus der Nase ziehen, und seine Antworten verlaufen meist einsilbig. Selbst auf offene Fragen reagiert er meist mit einem vielsagenden »Tja«, nur um dann wieder zu schweigen. Es kann sein, dass es sich bei diesem Persönlichkeitstyp um eine Unterart des misstrauischen Typen handelt. In diesem Fall schweigt er, damit er nicht über den Tisch gezogen wird. In jedem Fall lässt er sich nicht in die Karten blicken, und vermutlich hat er sogar Angst davor, zu viel von seinen wahren Motiven zu verraten.

Sie sollten in jedem Fall mit Sympathietechniken arbeiten, um Vertrauen aufzubauen. Geben Sie einige Informationen von sich preis, präsentieren Sie ihm durchaus den einen oder anderen Vorteil, dann wird er sich Ihnen stückweise öffnen. Auch wenn er meist nur einsilbig antwortet, sollten Sie in erster Linie mit offenen Fragen arbeiten.

Professionelle Einkäufer setzen Verschlossenheit häufig als Verhandlungstaktik ein. Setzen Sie in derartigen Situationen die gleichen Techniken ein.

Der Choleriker

Ein falsches Wort, eine Frage zu viel und dem Choleriker platzt die Hutschnur. Dann schwadroniert er über unfaire Verhandlungstaktiken und über respektloses Verhalten. Oder er ereifert sich wort- und gestenreich über die schreckliche Wirtschaftspolitik, das idiotische Verkehrskonzept in Europa und über das Wetter. Wenn Sie mit einem Choleriker verhandeln, dann bedeutet das nicht automatisch, dass sich Ihr Leib und Leben in permanenter Gefahr befindet. Meist greifen diese Menschen ihre Gesprächspartner nicht direkt an, sondern nutzen dafür Platzhalter. So vermeidet es der

Choleriker häufig zu sagen: »Ihre Respektlosigkeit regt mich auf!«, sondern er sagt stattdessen: »Die Respektlosigkeit der Gesellschaft ist unerträglich geworden!« und läuft dabei dunkelrot an.

Durch seine Ausbrüche kann eine Vertragsverhandlung zur regelrechten Herausforderung werden. Die ständigen Unterbrechungen und sein Abschweifen vom eigentlichen Thema kosten nicht nur Zeit, sondern auch Ihr Konzentrationsvermögen leidet darunter.

Bevor Sie in derartigen Situationen unbeabsichtigt ungewollte Zugeständnisse eingehen, um ja schnellstmöglich diesem lauten und aggressiven Menschen zu entfliehen, sollten Sie zunächst einmal Ruhe bewahren. Der Choleriker benötigt seine Ausbrüche, denn anders kann er sich nicht beruhigen. Warten Sie einige Sekunden – oder Minuten, je nachdem – bevor Sie etwas auf seine Ausführungen antworten. In den meisten Fällen ist das auch nicht nötig. Stattdessen gehen Sie im Thema ganz normal weiter, sobald er sich beruhigt hat. Es wird keinen Sinn ergeben, inhaltlich über seine Thesen und Wahrnehmungen zu diskutieren, das verschärft die Lage nur noch. Er will auch keine anderen Meinungen hören, sondern sich meist einfach aufregen, und dann ist es auch wieder gut.

Werden Sie von ihm persönlich angegriffen, sollten Sie jedoch so vorgehen, wie ich Ihnen unter der Verhandlungstaktik »persönlicher Angriff« in Kapitel 7 empfehlen werde.

Der Unzuverlässige

Terminvereinbarungen sieht er eher als ungefähre Zeitangaben, die nicht unbedingt auf den Tag genau eingehalten werden müssen. Anrufe, Text- und Sprachnachrichten ignoriert er gekonnt, und seine Reaktionsgeschwindigkeit auf Fragen hängen von seiner aktuellen Stimmungslage ab.

Der Unzuverlässige ist in etwa so schwer fassbar wie ein frisch gefangener Aal, und das macht ihn zu einem unberechenbaren Verhandlungspartner. Das bedeutet nicht automatisch, dass er als späterer Geschäftspartner ebenso agiert. Vielmehr empfindet dieser Persönlichkeitstyp das Verhandeln von Verträgen als besonders unangenehm, weshalb er unbewusst ständig vor dieser Situation flüchtet. Es kann auch möglich sein, dass er sich durch eine Vielzahl an Projekten und Aufgaben verzettelt und deswegen ständig in Verzug gerät.

Sie benötigen für diesen Verhandlungspartner vor allem eines: Geduld. Setzen Sie Deadlines, bestärken Sie ihn darin, wenn er seinen Aufgaben und Terminen nachkommt. Bauen Sie keinen übertriebenen Druck auf, sondern erinnern Sie ihn an vereinbarte Treffen oder Aufgaben. Am Ende ist ihm viel daran gelegen, den Vertragsabschluss zu erzielen, doch er kann auch nicht aus seiner Haut heraus.

Der Misstrauische

Er hinterfragt die kleinste Kleinigkeit, interessiert sich ausschließlich für Referenzen, Anwendungstests und Studien zum Vertragsthema und wirft Ihnen ständig Blicke zu, als wären Sie der größte Betrüger, der jemals auf diesem Planeten wandelte. Der Grund für dieses Misstrauen liegt meist in der Unsicherheit dieser Menschen. Oftmals werden sie von der Angst vor Fehlern und Fehlentscheidungen gelenkt, und wenn sie von einem Thema wenig Ahnung besitzen, agieren sie noch vorsichtiger, als es ohnehin der Fall ist.

Sätze wie »Vertrauen Sie mir« können Sie sich getrost sparen, denn das entzündet sein Misstrauen noch mehr. Stattdessen sollten Sie ausgesprochen gut vorbereitet in die Vertragsverhandlung gehen, sämtliche Referenzen, Beweise und Studien mitbringen und keine voreiligen Versprechen kommunizieren. Überhaupt empfiehlt es sich bei besonders misstrauischen Gesprächspartnern, tendenziell auf der Sachebene zu argumentieren und schon überhaupt nicht mit Superlativen um sich werfen.

»Das ist das beste Produkt auf dem Markt!« Selbst wenn es so ist, behalten Sie derartige Aussagen bei diesem Persönlichkeitstyp besser für sich. In seiner Welt klingt es eher nach: »Ich werde Sie jetzt so sehr über den Tisch ziehen, dass Sie in Flammen aufgehen!«

Zeigen Sie auch hier Geduld, und beantworten Sie in Ruhe seine Fragen. Drängen Sie nicht zu sehr auf Entscheidungen. Falls er jedoch zusätzlich noch ausgesprochen unentschlossen sein sollte, dann sollten Sie sich fragen, wie weit ein Vertragsabschluss in diesem Leben überhaupt noch realistisch ist, und eventuell sogar die Vertragsverhandlung abbrechen. Letztlich stellt sich die Frage danach, ob sich Ihre Investition in Zeit und Energie überhaupt lohnen wird.

Der, der nie Zeit hat

Schließlich gibt es noch Menschen, die absolut keine Zeit haben, also nie erreichbar sind, Besprechungen kurzfristig absagen und Vereinbarungen unzählige Male brechen oder immer wieder auf einen späteren Erfüllungszeitpunkt verschieben.

Im Gegensatz zum Unzuverlässigen handelt es sich dabei meist um eine Form der Inszenierung, in seltenen Fällen sind sie tatsächlich so beschäftigt, dass ihnen wirklich die Zeit fehlt. Eines scheint jedoch eindeutig zu sein: Sie räumen dieser Vertragsverhandlung lediglich eine untergeordnete Priorität ein, sonst würden sie sich auch die dafür notwendige Zeit nehmen – und darin besteht der große Unterschied zum unzuverlässigen Persönlichkeitstypen.

Setzen Sie klare Grenzen, definieren Sie Deadlines und lassen Sie sich diese vom Verhandlungspartner bestätigen. Sollte sich auch dann an der Situation nichts ändern, bleibt Ihnen wohl nichts anderes übrig, als entweder darauf zu bestehen, diese Person durch eine andere zu ersetzen, oder die Vertragsverhandlung abzubrechen.

Als oberste Regel im Umgang mit schwierigen Kunden gilt es, Ruhe zu bewahren und niemals persönlich zu werden. Sie sollten verständnisvoll wirken, aber dabei nicht Ihren eigenen Standpunkt verlieren. Es sollte Ihnen gelingen, sich kurz zu halten und Fragen an Ihren Gesprächspartner möglichst genau zu formulieren. Jedem auch noch so schwierigen Verhandlungspartner sollten Sie respektvoll begegnen, ihn und seine Fragen ernst nehmen. Damit schaffen Sie eine Vertrauensebene für jeden Typ.

KAPITEL 5

Zusammensetzung des Verhandlungsteams und der richtige Verhandlungsort

Die Zusammensetzung des Verhandlungsteams kann sich mitunter entscheidend auf den Verhandlungserfolg auswirken. Vor allem jüngere Personen erleben es häufig, in Verhandlungsgesprächen nicht ernst genommen zu werden oder einen lediglich halbherzigen Umgang zu erfahren. Trotz dieser Erkenntnis können Gründe vorliegen, Personen in bestimmten Funktionen mit an den Verhandlungstisch zu setzen oder sie besser von dort fernzuhalten. Beispielsweise könnte es im geschäftlichen Miteinander durchaus sinnvoll sein, den letzten Entscheider – meist handelt es sich dabei um ein Mitglied aus der Geschäftsführung – in einer frühen Phase der Verhandlungsgespräche vom Verhandlungstisch fernzuhalten. Ansonsten können etwa Forderungen der Gegenseite nur noch schwer vertagt werden, um Zeit zu gewinnen. Auf der anderen Seite kann es höchst sinnvoll sein, bestimmte Fachexperten mitzunehmen, um das Vorwärtskommen der Vertragsverhandlung zu beschleunigen.

Das richtige Team macht den Unterschied

Professionelle Verhandler achten auf ein Gleichgewicht unter den Vertragsparteien. Aus diesem Grund versuchen sie normalerweise herauszufinden, wie viele Teilnehmer es bei einer angesetzten Verhandlungsrunde geben wird, und vor allem, wer daran teilnimmt. In manchen Fällen scheitern sogar Verhandlungsgespräche, wenn die Gegenseite nicht mit der Sprache herausrücken möchte, wer zum angesetzten Termin erscheint.

Die Gründe dafür sind vielfältig. Zunächst einmal soll der psychologische Effekt nicht unterschätzt werden, wenn beispielsweise drei Geschäftsführer und zwei Juristen einem Außendienstmitarbeiter gegenübersitzen. Vor allem in einer noch frühen Phase einer Vertragsverhandlung, die vielleicht sogar lediglich als »Sondierungsgespräch« angekündigt wurde. In einer derartigen Situation fühlt man sich recht schnell einsam, zudem wirkt es durchaus einschüchternd. Es benötigt außerdem ein gewaltiges Selbstvertrauen, sich nicht von den bohrenden Blicken der anderen Verhandlungspartner einschüchtern zu lassen, während ihr Kollege mit einer Lawine an Fragen auf einen einhämmert. Auch können die jeweils passiven Teilnehmer viel genauer die Reaktionen des Vertragspartners prüfen, und auch Vorschläge der Gegenseite lassen sich im Team präziser analysieren und bewerten.

Eine ausgewogene Größe der Verhandlungsteams ist jedoch nicht nur im professionellen Umfeld – etwa bei Verhandlungen zwischen zwei Unternehmen – von Bedeutung, sondern auch im privaten Bereich. Hier kommt es sicherlich auf den Gegenstand und den finanziellen Umfang an, den es zu verhandeln gilt. So könnte es etwas übertrieben wirken, wenn Sie lediglich ein Puppenhaus für Ihre Tochter erstehen wollen, das Sie im Kleinanzeigenmarkt gefunden haben, und Sie mit einem Großaufgebot an Familienmitgliedern und vertrauensvollen Freunden auftauchen. Eine andere

Situation liegt jedoch vor, wenn Sie eine hochwertige Immobilie kaufen möchten. In diesem Fall sollten Sie unbedingt bei den Eigentümern nachfragen, wer am angesetzten Verhandlungsgespräch teilnehmen wird, und sich entsprechend darauf einstellen.

Zusätzlich kann auch der Altersunterschied eine Rolle spielen, wie bereits eingangs erwähnt. Vor allem junge Menschen erleben oft den Nachteil, von einem wesentlich älteren – und meist auch im vorliegenden Thema erfahrenen – Verhandlungspartner nicht ausreichend ernst genommen zu werden. In diesem Fall sollte man sich überlegen, einen erfahrenen Kollegen, Vorgesetzten, oder – im privaten Umfeld – eine ältere beziehungsweise mit ausreichend Fachwissen ausgestattete Vertrauensperson zu diesem Gespräch hinzuzuziehen.

Wer an der Vertragsverhandlung teilnehmen sollte

Es sollte nicht nur auf ein ausgewogenes Gleichgewicht bei der Anzahl an Verhandlungsteilnehmern geachtet werden, sondern auch, welche Aufgaben die einzelnen Personen dabei übernehmen. Insbesondere bei Verhandlungen zwischen zwei Unternehmen stellt sich dabei die Frage, ob – und wenn ja, in welcher Verhandlungsphase – die Teilnahme von Personen aus der technischen Abteilung oder aus der Produktion, des Vorgesetzten, eines Mitglieds aus der Geschäftsleitung oder sogar von Juristen sinnvoll ist. Die grundsätzliche Frage dabei lautet, ob der Verhandlungsgegner tendenziell eingeschüchtert werden soll oder ob auf einen partnerschaftlichen Umgang geachtet wird.

Diese allgemeine Strategie hängt durchaus von der Phase ab, in der sich die Verhandlung befindet, und kann während der Vertrags-

Zusammensetzung des Verhandlungsteams und der richtige Verhandlungsort

verhandlung angepasst werden. Normalerweise werden zu Beginn von Verhandlungsgesprächen die beiden direkten Verhandlungspartner alleine miteinander sprechen. Angenommen, ein Getränkehersteller plant, einen Abnahmevertrag bei einer Lebensmittelkette zu erreichen. In diesem Fall tauschen sich zunächst einmal der Verkäufer des Herstellers mit dem Einkäufer der Einzelhandelskette aus. Wenn die Gespräche fortschreiten, kann es zu vertraglichen Detailfragen kommen, und dann ergibt es durchaus Sinn, einen Kollegen aus der juristischen Abteilung zum nächsten Termin mitzunehmen. In der finalen Phase der Vertragsverhandlung gilt es, letzte Details wie Konditionen et cetera zu klären. Dann verlassen möglicherweise die Juristen den Verhandlungstisch und überlassen dem Verkaufs- und Einkaufsleiter ihre Plätze, also den Vorgesetzten der ursprünglichen Gesprächspartner. Dieser Ablauf kann abhängig von Branche und Vertragsgegenstand selbstverständlich unterschiedlich erfolgen, und es kommt vor, dass es ganz normal ist, einen Juristen gleich bei Verhandlungsbeginn ins Team zu holen, oder den Geschäftsführer.

Stellen Sie sich mal vor, es findet ein erstes Sondierungsgespräch statt, und beide Seiten – Hersteller und Supermarktkette – ziehen bereits juristischen Beistand hinzu. Wie wird dieses Gespräch vermutlich ablaufen? Mit hoher Wahrscheinlichkeit kommt es zu einem ausgesprochen formalen Ablauf, in dem sofort juristische Vertragsdetails diskutiert werden. Vielleicht zieht der Verkäufer den Produktionsleiter auch gleich zu Beginn zu einem derartigen Gespräch hinzu. Was wird passieren? Diese – ursprüngliche – Sondierungsrunde wird mit hoher Wahrscheinlichkeit auf einer eher technischen Ebene ablaufen. Vermutlich nimmt das Gespräch dann nicht unbedingt einen förderlichen Verlauf im Hinblick auf die weitere Vertragsverhandlung.

Sie sehen also, die Wahl der Teilnehmer wird sehr stark das Verhandlungsthema beeinflussen, und ich persönlich habe es noch nie anders erlebt: Sobald Juristen am Verhandlungstisch sitzen, dreht sich so gut wie alles um Vertragsdetails, um rechtliche Aspekte und um die Einhaltung von Fristen und Pflichten und um die Sanktionen, die bei Vertragsverletzung entstehen. Befinden sich Vertreter aus technischen Abteilungen am Verhandlungstisch, dann dreht sich plötzlich alles um Technik.

Ein Tipp zu den Entscheidern am Verhandlungstisch: Sobald sich ein Geschäftsführer, ein Prokurist oder der Vorgesetzte des ursprünglichen Ansprechpartners – beispielsweise der Verkaufsleiter – mit am Verhandlungstisch befindet, bedeutet es für die andere Seite, dass jegliche vertraglichen Zugeständnisse einen hohen Bindungscharakter besitzen. Anders ausgedrückt können sich bei einer Forderung der Gegenseite ein Geschäftsführer, Prokurist oder der Verkaufsleiter nur schwerlich aus der Sache herausreden, um Zeit zu gewinnen und diese Forderung in Ruhe zu durchdenken oder um die möglichen daraus resultierenden Folgen durchzukalkulieren. Ihnen bleibt häufig nichts anderes übrig als eine Entscheidung zu treffen, also entweder eine Zu- oder eine Absage zu erteilen. Lässt ein Entscheider die Antwort offen, wird es häufig als Schwäche ausgelegt.* Wen soll beispielsweise der Geschäftsführer oder Eigentümer eines Großhandels fragen, wenn er von der Gegenseite mit einem Preisnachlass konfrontiert wird? Seine Mutter? Sitzt er am Verhandlungstisch, dann wird er in diesem Moment eine Entscheidung treffen müssen, und das kann ihn in eine unangenehme Lage bringen. Wenn jedoch der Vertriebsmitarbeiter dieses Großhandelsunternehmen alleine die Verhandlungsgespräche führt, und der Einkäufer auf der anderen Seite konfrontiert ihn mit Forderungen nach besseren Konditionen, dann kann er sich aus

---

* Selbstverständlich hängt es dabei immer von der jeweiligen Situation und oftmals auch von der Branche ab. So kann es durchaus üblich sein, dass selbst der Endentscheider eines Unternehmens sämtliche Forderungen zunächst einmal zurückstellt, um diese intern gründlich zu diskutieren. Auch ist hier der Kulturkreis zu berücksichtigen. So entsenden beispielsweise asiatische Unternehmen so gut wie nie Entscheider zu Verhandlungen. Dadurch können sich die Unterverhandler, die stattdessen am Verhandlungstisch sitzen, jederzeit zurückziehen und sich auf »höhere Autoritäten« berufen.

dieser Situation spielend herauswinden. Die Aussage »Das ist eine ganz schön hohe Forderung, und an dieser Stelle bleibt mir nichts anderes übrig, als mit unserer Geschäftsleitung in Verhandlung zu treten. Ich weiß nicht, ob ich diese Forderung durchbekomme, aber ich werde mich darum bemühen« kann erfolgsentscheidend sein, denn er gibt dem Verhandlungsgegner das Gefühl, das Maximum herauszuholen. Eine derartige Aussage können Entscheider nicht so einfach treffen, deshalb sollte man sich gut überlegen, in welcher Phase man sie in die Vertragsverhandlung aktiv einbezieht.

Im privaten Umfeld gibt es durchaus vergleichbare Rollen. So kann etwa ein geschicktes Taktieren dazu führen, bessere Konditionen herauszuschlagen. Beispielsweise könnten Sie beim Autokauf das erste Verhandlungsgespräch alleine führen. Sollte der Händler auf Ihre Forderungen nicht eingehen, können Sie immer noch sagen, dass Sie das Gespräch an dieser Stelle vertagen müssen, da der Preis Ihr Budget übersteigt und Sie nun gezwungenermaßen mit Ihrer Frau oder Ihrem Mann Rücksprache halten müssen. In vielen Fällen lenken dann Verkäufer durchaus ein, denn sie wissen, dass sich Interessenten danach häufig nach weiteren Alternativen umsehen.

Die richtige Farbwahl des Teams

Im vierten Kapitel habe ich Ihnen das DISG®-Modell vorgestellt, und auch bei der Zusammensetzung Ihrer eigenen Mannschaft sollten Sie auf die jeweiligen Persönlichkeitsprofile achten. Ein falsch zusammengestelltes Team in den eigenen Reihen kann durchaus zu unerwünschten Verhandlungsergebnissen führen. Stellen wir uns einmal vor, Sie selbst sind ein eindeutig dominanter Typ (Farbe: Rot) und Sie gehen mit Ihrem »ebenfalls roten« Kollegen in eine Vertragsverhandlung. In diesem Fall werden sie beide vermutlich unbewusst versuchen, die Gesprächshoheit an sich zu reißen, die gegnerische Partei als Konkurrenten betrachten und diese voraussichtlich aggressiv und hartnäckig von Ihren Forderungen überzeugen wollen. Sollte sich auf der Gegenseite sogar noch ein roter Persönlichkeitstyp befinden, dann ist es wahrscheinlich nur eine Frage der Zeit, bis es gehörig knallt. Deshalb sollten Sie bei der Zusammensetzung Ihres Teams auf folgende Kombinationen nach dem DISG®-Modell achten:

Eine gute Ergänzung für ein dominantes Persönlichkeitsprofil ist der analytische »blaue« Typ, denn er sorgt für die nötige Sachebene. Er bremst zudem auch den kreativen – gelben – Typen, der mit seinen Ideen durchaus gerne mal die Verhandlungsziele vernachlässigt. Eine empfehlenswerte Ergänzung zum roten Typ ist der stetige (grüne) Teamkollege. Durch sein eher introvertiertes und gleichzeitig menschenorientiertes Verhalten schafft er nämlich einen guten Ausgleich. Eine Kombination aus rot und gelb gelingt dann, wenn es der kreative Persönlichkeitstyp schafft, sich seinem roten Kollegen unterzuordnen.

Ein blauer Verhandlungstyp kann wunderbar mit gelb und grün kombiniert werden, wobei bei einem fehlenden dominanten Teammitglied durchaus die Gefahr bestehen könnte, dass diese Mannschaft dann unter einer gewissen Entscheidungsschwäche leidet. Hier kommt es dann besonders auf die Mischtypen an. Sie erinnern sich: Eine einzige Ausprägung der Persönlichkeitsstruktur nach dem DISG®-Modell kommt nur selten vor, und meist treffen wir auf eine Kombination aus zwei Persönlichkeitstypen.

Achten Sie bei der Zusammensetzung des Verhandlungsteams vor allem darauf, eine einseitige Farbverteilung zu vermeiden. Wenn beispielsweise auf Ihrer Seite des Verhandlungstisches ausschließlich Teilnehmer mit einer primär roten, gelben, grünen oder blauen Ausrichtung sitzen, dann dominiert die jeweilige Gesprächskultur. Dann fliegen – überspitzt formuliert – entweder die Fetzen (rot), oder es entsteht zwar ein geselliges Gesprächsklima, jedoch besteht die Gefahr, dass man sich in kreativen Ideen verzettelt (gelb). Beim stetigen Typ (grün) ist die Vertragsverhandlung von einem vorsichtigen, sicherheitsorientierten Verhalten geprägt, ohne Risiken einzugehen, und bei ausschließlich blauen Typen bleibt es kühl und sachlich, und Ihr Team verliert sich in Details und kommt zu keinem Ende.

Frauen im männerdominierten Umfeld

Es kommt durchaus vor, dass Frauen beklagen, in Vertragsverhandlungen von ihren männlichen Verhandlungspartnern nicht ausreichend ernst genommen zu werden. Ich stelle Ihnen daher einige Empfehlungen für weibliche Verhandlungsteilnehmer vor.

Zunächst einmal sollten Sie als Frau einen gewissen Raum am Verhandlungstisch einnehmen. Das bedeutet, legen Sie Ihre Hände durchaus zwischendurch im Abstand einer Schulterbreite voneinander am Tisch ab und achten Sie darauf, Ihr Kinn zumindest im rechten Winkel zum Hals zu halten. Damit signalisieren Sie die nötige Präsenz. Gehen Sie außerdem kontrolliert mit Ihrem Lächeln um. Viele Männer interpretieren ein häufiges Lächeln durchaus als Schwäche, deshalb sollten Sie es nicht zu inflationär einsetzen. Männer nehmen außerdem ihre Welt vor allem analytisch und lösungsorientiert wahr. Wenn Sie in Ihren Ausführungen immer wieder Zahlen, Daten, Fakten präsentieren und immer wieder mit Lösungsvarianten schließen, kommunizieren Sie stärker in der Welt der Männer.

Eine weitere Empfehlung ist die Reduktion. Sie werden als Frau mit Ihren Argumenten stärker wahrgenommen, wenn Sie langsam sowie ruhig sprechen und dabei immer wieder kurze Pausen einlegen. Auch Ihre Körpersprache sollten Sie tendenziell reduzieren. Wenn Sie dann auf Punkte hinweisen oder das Wort ergreifen, entsteht ein wirkungsvoller Kontrast, der Sie höchst souverän erscheinen lässt. Schließlich sollten Sie nicht allzu ausführlich Ihre Argumente ausführen, denn da lässt das männliche Konzentrationsvermögen schnell mal nach. Idealerweise beginnen Sie damit zu sagen, was Sie konkret wollen, und erst anschließend liefern Sie dazu Begründungen. Dadurch kann sich das männliche Gehirn schneller auf Ihre Ausführungen einstellen, und Sie finden garantiert Gehör. Diese und viele weitere Erkenntnisse aus der Genderforschung veröffentlichte eine der wohl bekanntesten Forscherinnen auf diesem Gebiet, Louann Brizendine, in ihren Büchern *Das männliche Gehirn* und *Das weibliche Gehirn*. Beide Werke sind eine klare Leseempfehlung, falls Sie sich mit diesem Thema intensiver beschäftigen wollen.[12]

Der Verhandlungsort

Es gibt verschiedene Möglichkeiten, Verhandlungsgespräche zu führen. In der einfachsten Variante finden eine Vertragsverhandlung auf schriftlichem Wege, also über E-Mail, Messenger-Dienste oder vergleichbaren Technologien statt. Wenn man etwa ein Fahrrad von einer Privatperson kaufen möchte, die das gute Stück über eine der vielen Verkaufsplattformen anbietet, genügt es vermutlich, sich beispielsweise über WhatsApp handelseinig zu werden. In diesem Fall wäre es wohl etwas überzogen, wenn beide Seiten Verhandlungsteams zusammenstellen, die sich an einem neutralen Ort – in einem angemieteten Verhandlungsraum am Flughafen – treffen, um die Vertragsbedingungen und Konditionen der gebrauchten Freiheit auf zwei Rädern zu verhandeln.

An dieser Stelle lässt sich außerdem bereits ein Entscheidungskriterium für die Wahl der Kommunikationsmethode erkennen. Der Aufwand der Vertragsverhandlung sollte immer im Verhältnis zum Vertragswert stehen. Es ist also wenig sinnvoll, bei einem Produkt im Wert von angenommen 500 Euro Kosten von 1000 Euro zu produzieren, um eine Preisverhandlung durchzuführen. Obwohl dieser Punkt logisch erscheint, erlebe ich es immer wieder bei komplexen Vertragsverhandlungen, dass im Laufe der Zeit unsagbar hohe finanzielle Aufwände in Kauf genommen werden, meist in Form von Reisekosten oder für Honorare von externen Dienstleistern wie Juristen, Sachverständigen et cetera.

Verhandlungen können natürlich auch über Telefon geführt werden, und dieses Medium lässt sich bei relativ übersichtlichen Vertragssituationen gut umsetzen. Zunächst findet also die Kommunikation auf schriftlichem Wege statt, und ab einem bestimmten Punkt telefonieren beide Parteien miteinander, um letzte Details zu klären.

Wenn jedoch an vielen Stellen Uneinigkeit über das Vertragswerk herrscht oder der Vertragsgegenstand erklärungsbedürftig ist, führt an persönlich geführten Verhandlungsrunden vermutlich kein Weg vorbei. Dazu stehen grundsätzlich zwei Möglichkeiten zur Verfügung: Beide Vertragsparteien treffen sich an einem vereinbarten Ort oder durch virtuell durchgeführte Meetings. Die effektivste Variante ist natürlich das persönlich geführte Verhandlungsgespräch, denn nur dann können Sie auch die Körpersprache und Mimik des Verhandlungspartners bestmöglich erkennen und entsprechend analysieren. Bei virtuellen Besprechungen ist die Analyse von Mimik und Gestik nur eingeschränkt möglich. Vor allem da in den meisten Fällen lediglich ein kleiner Teil des Gegenübers von der Videokamera erfasst wird. Außerdem kann vor allem die Mimik, die wertvolle Rückschlüsse auf die momentane Emotion zulässt, häufig nur schlecht wahrgenommen werden. Ein zusätzlicher Vorteil bei persönlichen Verhandlungen mit physischer Anwesenheit beider Parteien liegt darin, dass die Verhandlungspartner gewisse Mühen für die An- und Abreise auf sich nehmen und dadurch das Interesse für ein Verhandlungsergebnis steigt.

Bei der Wahl des Verhandlungsortes gibt es drei Möglichkeiten:

- In Ihren Räumlichkeiten
- In den Räumlichkeiten der gegnerischen Verhandlungspartei
- An einem neutralen Ort

Je nachdem, wofür Sie sich entscheiden, gibt es Vor- und Nachteile zu beachten.

In Ihren Räumlichkeiten

Der größte Vorteil bei dieser Lösung besteht darin, dass die Verhandlungsgespräche auf Ihrem Territorium stattfinden. Sie befinden sich in Ihrem Reich, hier fühlen Sie sich wohl. Außerdem ersparen Sie sich die Anreise zum Verhandlungsort, ein Faktor, der durchaus vorteilhaft sein kann. Dadurch haben Sie den psychologischen Vorteil, dass sich Ihr Verhandlungspartner gewissermaßen auf fremdes Terrain begibt, das ihn tendenziell eher in die Defensive drängt, wobei dieser Aspekt aber auch stark von der Persönlichkeit der einzelnen Verhandlungsteilnehmer abhängt.

Andererseits zeigen Sie dem Verhandlungspartner auch, wie Sie arbeiten, leben und welche Werte Sie pflegen, wenn Sie ihn zu sich einladen. Sollte Ihr Büro weithin als die größte Bruchbude seit Erfindung der Wohnhöhle gelten, dann kann sich diese Lösung durchaus als hinderlich erweisen. Falls die Verhandlungsrunde in Ihrem Büro stattfindet und dieses – freundlich ausgedrückt – dem Charme eines verwirrten Genies entspricht, dann kann sich das natürlich ebenfalls nachteilig für Sie auswirken. Wenn sich in diesem Büro Unterlagen hüfthoch stapeln, ein Durcheinander herrscht, dass einem ganz schwindelig wird, und der braune Teppich vermutlich einst blütenweiß erstrahlte, dann lässt dieser Ort Rückschlüsse auf Ihre Arbeitsweise zu. So könnten Sie Gefahr laufen, als nur bedingt zuverlässig eingeschätzt zu werden, wodurch ein Vertragsabschluss ganz grundsätzlich allein deshalb in weite Ferne rücken könnte.

Erst wenn Sie wirklich davon überzeugt sind, dass Ihr Büro beziehungsweise der Verhandlungsraum und auch das Gebäude, in dem Sie arbeiten, tatsächlich die Qualität repräsentieren, die Sie vermitteln wollen, sollten Sie Ihren Verhandlungspartner zu sich einladen.

Dieser Punkt ist besonders im privaten Umfeld sowie bei Selbstständigen und Kleinstunternehmen von Bedeutung, die von zu Hause aus arbeiten. Finden die Verhandlungen bei Ihnen zu Hause statt, und mangels eines professionellen Besprechungsraumes sitzen beide Verhandlungsparteien im heimischen Wohnzimmer, dann präsentieren Sie dabei automatisch Ihre privaten Bilder an der Wand, Ihre Auswahl an DVDs und möglicherweise auch sämtlichen Nippes, der sich im Laufe der Zeit ansammelte. Stellen Sie sich dabei immer die Frage, ob dieser Eindruck Ihre Verhandlungsposition stärkt oder gegebenenfalls schwächen könnte.

In den Räumlichkeiten der gegnerischen Verhandlungspartei

Die zweite Alternative besteht darin, die Gespräche beim Verhandlungspartner durchzuführen. In vielen Situation besteht sogar keine Wahlmöglichkeit, und Sie sind gewissermaßen dazu gezwungen, zum Verhandlungspartner zu fahren. Beispielsweise, wenn Sie als künftiger Lieferant mit einem weitaus größeren Unternehmen verhandeln. So ist es etwa im Einzelhandel üblich, dass in deren Zentrale verhandelt wird. Kein Einkäufer einer großen Lebensmittelkette wird im Traum daran denken, für Verhandlungsgespräche zum regionalen Kartoffelbauern zu reisen. Auch im privaten Umfeld ist es üblich, die meisten Verhandlungsgespräche mit großen Unternehmen in deren Räumlichkeiten durchzuführen. Wenn wir ein Auto kaufen wollen, dann fahren wir zum entsprechenden Händler, es sei denn, Sie schaffen sich den dritten Bugatti an, dann kommt der Repräsentant des Autohauses vermutlich auch zu Ihnen in Ihre Villa am See.

Wenn die Gespräche beim Verhandlungsgegner stattfinden, dann bedeutet das immer einen erhöhten Aufwand, und dieser kann sich durchaus nachteilig für Sie auswirken. Nehmen wir an, Sie wohnen in Hamburg, und die Gespräche sollen in München um 9 Uhr morgens durchgeführt werden, dann sollten Sie besser bereits am Vortag anreisen. Die Alternative dazu wäre, sehr früh aufzustehen, sehr viele Kilometer zurückzulegen, um dann sofort nach Ankunft in der bayrischen Hauptstadt mit der Verhandlungsrunde zu beginnen. Vermutlich sind Sie in einer derartigen Situation übermüdet, wodurch Ihre Konzentration nach einiger Zeit nachlässt. Daraus können sich Vorteile für die andere Partei ergeben, weil Sie Zugeständnisse machen, die Sie später wieder bereuen.

Wenn Sie zum Verhandlungsgespräch anreisen, sollten Sie an alle Unterlagen denken, die Sie möglicherweise benötigen. Falls Sie irgendwelche Daten vergessen haben und weder darauf zugreifen noch diese in Ihrem Büro anfordern können, geraten Sie vermutlich schnell in die Defensive, oder es bleibt nichts anderes übrig, als diese Verhandlungsrunde abzubrechen und zu einem späteren Zeitpunkt fortzuführen.

An einem neutralen Ort

Der größte Vorteil liegt natürlich darin, dass kein psychologischer Vorteil für einen der beiden Verhandlungspartner besteht. Meist finden derartige Besprechungen entweder in angemieteten Räumen in Hotels oder in Businessparks statt. Man kann also davon ausgehen, dass der Raum selbst modern ausgestattet ist, über eine Klimaanlage verfügt und ideale technische Voraussetzungen vorhanden sind. Außerdem kann eine ausreichende Versorgung mit

Getränken, Kaffee und Tee zusätzlich gebucht werden. Bei längeren Verhandlungsrunden besteht dann nicht die Gefahr, dass ein erbarmungsloser Kampf um die letzte Flasche Wasser ausbricht, weil der Flüssigkeitsbedarf zu knapp berechnet wurde.

Im Grunde existieren lediglich zwei Aspekte, die es bei dieser Variante zu beachten gilt, ansonsten stellt das Treffen an einem neutralen Ort die wohl beste Alternative dar. Zunächst einmal sind es die Kosten, die durchaus empfindlich ausfallen können. Neben der Raummiete kommen die Ausgaben für die Verpflegung und die technische Ausstattung hinzu. Der andere Aspekt ist vergleichbar mit der Variante, wenn die Vertragsverhandlung in den Räumlichkeiten des Verhandlungspartners stattfindet: Sollte man wichtige Unterlagen vergessen haben und diese nicht kurzfristig organisieren können, wird es wohl ein kurzes Meeting werden. Aus diesem Grund sind eine solide Organisation und Vorbereitung für ein derartiges Treffen essenziell.

Rahmenbedingungen am Verhandlungsort

Ich empfehle Ihnen grundsätzlich, immer eine Kleinigkeit zum Essen und eine Flasche Wasser zum Verhandlungstermin mitzunehmen. Ganz gleich, wo die Vertragsverhandlung stattfindet – selbst in den eigenen Räumen – kann es vorkommen, dass es hier zu einem Engpass kommt. Wenn wir hungrig oder durstig sind, verhandeln wir schlechter. Wir werden unkonzentriert, gereizt, wollen an der Situation etwas ändern. All das kann sich nachteilig auf eine erfolgreiche Vertragsverhandlung auswirken. Ich habe mir angewöhnt, immer zwei bis drei Müsliriegel und eine kleine Flasche Wasser mitzunehmen, um selbst bei langen Verhandlungsrunden für ein Maximum an geistiger Fitness zu sorgen. Es versteht sich von selbst, dass der Müsliriegel nicht plötzlich inmitten eines leidenschaftlichen Schlagabtausches um einen ganz bestimmten

Vertragspunkt ausgepackt und gierig verschlungen wird. Sollte Sie der Heißhunger völlig in Ihren Bann ziehen, können Sie garantiert eine kurze Unterbrechung vorschlagen und das gute Stück im Notfall – wenn es keine andere Alternative gibt und Sie nicht vor den anderen essen wollen – sogar auf der Toilette genussvoll verzehren.

Sollten Sie zur Verhandlungsrunde einladen, dann sorgen Sie bitte immer für einen angenehmen Rahmen. In älteren Büchern liest man durchaus von typischen – miesen – Verhandlungstricks, die den Verhandlungsgegner nahezu zermürben sollen, wodurch man leichter seine eigenen Positionen durchsetzen kann. Beispielsweise großzügig und nahezu gönnerhaft Salzgebäck bereitzustellen, während für jeden Verhandlungsteilnehmer eine winzige Flasche Wasser bereitsteht. Wasser gibt es anschließend keines mehr, jedoch noch tonnenweise Chips und Salzstangen. Irgendwann entsteht Panik unter den Beteiligten des Verhandlungspartners, weil diese völlig dehydrieren, während die Teilnehmer der eigenen Partei das Salzgebäck gemieden haben wie der Teufel das Weihwasser. Dann – so die Theorie aus früheren Tagen – kommen die eigentlichen Forderungen auf den Tisch. Da der Verhandlungsgegner gedanklich bereits dabei ist, einen Abschiedsbrief an seine Lieben zu verfassen, wird er nun alles unterschreiben, nur um sich aus dieser Situation zu befreien. Das alles funktioniert nicht mehr, denn diese Tricks sind hinlänglich bekannt, und ihre Anwendung führt eher zu einem Abbruch der Verhandlungsrunde, im schlimmsten Fall sogar zu einem endgültigen Abbruch der Vertragsverhandlung. Außerdem sollten Sie darauf verzichten, den Raum in ein Kühllager für Frischfleisch oder in eine Schwitzhütte zu verwandeln. Widerstehen Sie zudem besser der Versuchung, die andere Partei so am Verhandlungstisch zu platzieren, dass den Teilnehmern permanent die Sonne in die Augen scheint. Derartige Situationen durfte ich schon vielfach erleben, und sie haben immer zu negativen Einflüssen auf die Verhandlungen geführt.

Zusammensetzung des Verhandlungsteams und der richtige Verhandlungsort

Sie sollten außerdem darauf achten, dass der Verhandlungstisch groß genug ist, die Stühle bequem sind und die Technik – Beamer, Flipchart et cetera – aus einer Zeit weit nach der Erfindung der Dampfmaschine stammt. Eine permanent knirschende Sitzgelegenheit, die noch dazu so hart gepolstert ist, dass man sich auf einem Nagelbrett wähnt, kann ebenfalls die Stimmung während der Vertragsverhandlung gehörig beeinflussen.

Im Idealfall sitzen sich beide Verhandlungspartner nicht direkt gegenüber. So etwas erzeugt tendenziell eine konfrontative Atmosphäre. Besser ist es, entweder an einem runden Tisch Platz zu nehmen oder eine Sitzposition im rechten Winkel zueinander zu wählen.

Sorgen Sie also für angenehme Rahmenbedingungen während der Vertragsverhandlung. Anders formuliert: Sie sollten mit rhetorischen Mitteln kämpfen und nicht versuchen, die Schlacht bereits durch die Wahl der Kampfarena zu gewinnen. Das klappt nur in den aller seltensten Fällen.

PROFITIPP:

Zum Abschluss dieses Kapitels habe ich noch einen Tipp für Sie: Nachdem alle Teilnehmer vor Beginn der Gesprächsrunde ihre Visitenkarten untereinander verteilt haben, legen Sie diese am Besten in der Reihenfolge der Sitzordnung vor sich aus. Auf diese Weise vergessen Sie weder die Namen der Verhandlungspartner noch sprechen Sie jemanden mit dem falschen Namen an. Dieses systematische Auslegen der Visitenkarten ist besonders hilfreich, wenn Sie sich Namen nur schlecht merken können. Alternativ können Sie die Namen auch auf ein Blatt Papier unter Beachtung der richtigen Sitzordnung aufschreiben.

Bis jetzt haben wir uns in erster Linie den organisatorischen und formalen Aspekten einer Vertragsverhandlung gewidmet. Im nächsten Kapitel widmen wir uns dem Einstieg in das Verhandlungsgespräch und mit welchen Techniken Sie eine überzeugende Atmosphäre schaffen können.

KAPITEL 6

Taktisch kluges Vorgehen in Verhandlungen

Es existieren unzählige Bücher zu Verhandlungstechniken und dem Einsatz richtiger Verhandlungsstrategien. In diesem Kapitel stelle ich Ihnen die wichtigsten grundlegenden Überlegungen vor, damit Sie in einer Vertragsbesprechung Ihre Punkte erfolgreich durchsetzen. Sie erhalten somit eine umfangreiche Übersicht über die wichtigsten Aspekte während eines Verhandlungsgespräches. Dabei handelt es sich um eine subjektive Auswahl jener Taktiken, die Ihnen praktisch in jeder Verhandlung über den Weg laufen können. Damit sind Sie garantiert für die allermeisten Situationen in Zukunft gewappnet. Jedoch gilt auch hierbei: Übung macht den Meister!

Wenn Sie sich zum Verhandlungsprofi entwickeln wollen, sollten Sie so oft wie möglich die unterschiedlichen Verhandlungstechniken üben. Vielleicht nicht gleich an der nächstbesten Supermarktkasse, jedoch beim Möbelkauf, im Elektrofachhandel oder am Wochenende auf dem Flohmarkt. Versuchen Sie dabei nicht nur, sämtliche in diesem Kapitel vorgestellten Techniken anzuwenden, sondern auch die Taktiken Ihrer künftigen Verhandlungspartner zu erkennen.

PROFITIPP:

Bleiben Sie immer authentisch in Verhandlungen. Niemand – außer vielleicht ein Schauspieler – schafft es über einen längeren Zeitraum hinweg, sich zu verstellen und dabei gleichzeitig kongruent zu wirken.

Ersparen Sie es sich und anderen beispielsweise im Verhandlungsgespräch, den harten Hund zu markieren, wenn Sie in Wirklichkeit die Weichherzigkeit in Person sind. Wenn wir in eine Rolle schlüpfen, die nicht zu uns passt, entsteht immer ein Bruch zwischen unserer verbalen und der nonverbalen Kommunikation, und das bleibt dem Verhandlungspartner nicht verborgen. Sie wirken dann nicht nur wenig authentisch, sondern es kann sogar passieren, dass Sie von der Gegenseite nicht mehr ernst genommen werden. Stattdessen empfehle ich Ihnen, eine passende Person zur Vertragsverhandlung mitzunehmen, die mit der entsprechenden Persönlichkeit jenen Part übernimmt, den Sie nicht erfüllen können.

Weshalb Sie zuerst wichtige Konditionen fordern sollten

In vielen Ratgebern zu Verhandlungstechniken wird empfohlen, den Preis und andere wichtige Konditionen möglichst spät anzusprechen. Wenn Sie ein Produkt verkaufen, verbirgt sich dahinter die Überlegung, dass Ihr Verhandlungspartner normalerweise erst dann den Wert des Verhandlungsgegenstandes zu akzeptieren bereit ist, wenn er seine Vorteile für sich erkennt. Wird etwa der Kaufpreis zu früh genannt, kann eine ablehnende Haltung – »zu teuer« – entstehen, selbst wenn der Preis des Produktes oder der

Dienstleistung absolut gerechtfertigt ist. Das bedeutet, ein Verkäufer wird sein Angebot zunächst möglichst schmackhaft anpreisen, bevor er die Konditionen nennt, für die er es herzugeben bereit ist. Vermutlich ist dieses Prinzip einer der Gründe, weshalb Ihnen der Kellner in einem Restaurant auch nicht das Stück rohes Fleisch auf den Tisch legt, wenn er Ihnen ein saftiges Steak vorschlägt. Oder Sojasprossen, sofern Sie eher vegetarische Speisen bevorzugen und Lust auf ein Sojaschnitzel verspüren. Im Gegenteil, er wird Ihnen vollmundig die Qualität und die hervorragende Zubereitung beschreiben, und erst wenn Ihnen das Verlangen danach beinahe aus den Augen tritt, zeigt er Ihnen höchstwahrscheinlich, auf welcher Seite in der Speisekarte dieses lukullische Meisterwerk zu finden ist. Erst dann sehen Sie den Preis.

Anker setzen

Diesem Grundprinzip der Verhandlungstechnik sollten Sie grundsätzlich folgen. Wenn jedoch das Verhandlungsgespräch so weit fortgeschritten ist, dass die finanziellen Rahmenbedingungen an der Reihe sind, sollten **Sie** unbedingt versuchen, die Konditionen zuerst zu nennen. Der Grund dafür liegt in der Eigenart unseres Gehirns, einem Wert zu folgen, der uns als Orientierung genannt wird. Die Technik, die sich dieses Verhalten zunutze macht, wird auch »Ankertechnik« genannt, wobei sie durchaus mit der Suggestion verwandt ist. Die beiden Psychologen Daniel Kahneman und Amos Tversky führten eine Studie durch, die den Ankereffekt beweisen sollte. Dazu manipulierten sie ein Glücksrad so, dass es entweder bei der Zahl 10 oder bei der Zahl 65 stoppte, egal wie oft man es drehte. Die Teilnehmer an dieser Studie sollten zunächst das Glücksrad drehen, und anschließend wurden sie befragt, ob der Prozentsatz afrikanischer Länder in der UNO über oder unter dem angezeigten Wert liegt. Es zeigte sich, wenn das Glücksrad bei der Zahl 10 stehenblieb, lagen die Schätzungen durchschnittlich bei 25 Prozent, stoppte es bei der Zahl 65, lag die durchschnittliche Schätzung bei 45 Prozent.[13]

Wenn Sie also einen Preis oder andere Konditionen zuerst nennen, dann setzen Sie einen entsprechenden Anker, an den sich der Gesprächspartner unbewusst orientiert.

Die Ankertechnik lässt sich immer dann einsetzen, wenn es sich dabei um einen relativen Wert handelt, wogegen sie bei Ja/Nein-Entscheidungen – beispielsweise: »Wollen Sie das Auto kaufen? Ja oder nein?« – tendenziell an Effekt verliert. Das bedeutet, wenn Sie erreichen wollen, dass Ihr Verhandlungspartner die Kosten für die Lieferung der Ware übernimmt, wird Ihre Frage »Sie übernehmen die Lieferkosten, richtig?« nicht automatisch von Erfolg gekrönt sein. Dabei handelt es sich dann um eine Suggestivfrage, und diese wirkt auf unser Gehirn tendenziell schwächer als die Ankertechnik. Ihrem Gegenüber fällt es also leichter, diese Frage zu verneinen. Wenn jedoch beispielsweise der Lieferzeitraum verhandelt wird und Sie sagen: »Können Sie mir die Ware in der kommenden Woche liefern?«, dann ist es für die Gegenseite weit schwerer, einen Termin in einer weiter entfernten Zukunft zu nennen.

Es sei denn – und darin liegen die Grenzen dieser Technik – der von Ihnen gesetzte Anker kann nur ausgesprochen schwer erfüllt werden oder ist weit von der Erwartung des Verhandlungspartners entfernt. Wenn also eine Lieferung in der kommenden Woche unmöglich ist, weil Ihr Verhandlungspartner das Produkt selbst erst in drei Wochen von seinem Lieferanten erhält, dann verliert dieser Anker seine Wirkung.

Sie sollten daher nur realistische Anker setzen. Angenommen, Sie wollen eine Immobilie erwerben, und im Rahmen der Preisverhandlung nennen Sie als Verhandlungsposition einen Preis von 250.000 Euro. Wenn der Anfangspreis – und gleichzeitig auch Marktwert – dieses Objektes jedoch bei mindestens 500.000 Euro liegt, dann wird Ihr Angebot dem Verkäufer vermutlich nur ein mildes Lächeln entlocken. Falls Sie stattdessen einen Verhandlungspreis von 420.000 Euro aufrufen, kann dieser Anker durchaus dazu führen, einen Preis von – sagen wir mal – 450.000 Euro zu erzielen. Eine andere Gesetzmäßigkeit gilt auf einem typischen Basar, da die dort angesetzten Preis bewusst unrealistisch hoch angesetzt werden. Die Markthändler erwarten dann geradezu, dass der Interessent den Preis auf ein vernünftiges Niveau herunterhandelt.

Sagen wir, Ihr Verhandlungspartner setzt einen Anker schneller als Sie. In diesem Fall bleibt Ihnen nichts anderes übrig, als gegen den Ankereffekt anzukämpfen, indem Sie sein Angebot abblocken und stattdessen einen neuen Anker setzen. Nehmen wir an, Sie verkaufen die vorhin genannte Immobilie, und der Verhandlungsgegner nennt 420.000 Euro als Gegenangebot. In diesem Fall könnten Sie entgegnen: »Dieser Preis ist viel zu niedrig angesetzt. Wir wissen doch beide, dass dieses Objekt komplett renoviert wurde und deshalb mindestens 500.000 Euro wert ist, wenn nicht sogar mehr.« Sie könnten anschließend ein Gegenangebot von 490.000 Euro ansetzen.

Wenn Sie den Ankereffekt einsetzen möchten, sollten Sie sich immer vorab über marktübliche Preise und Konditionen erkundigen, die in der heutigen Zeit durch kurze Internetrecherchen normalerweise schnell herauszufinden sind. Für die meisten Verhandlungssituationen gilt also, dass man inzwischen kein Spezialist mehr sein muss, um Marktpreise oder Margen herauszufinden, die Unternehmen für ihre Produkte ansetzen.

Eine Bemerkung am Rande: Verwechseln Sie bei Recherchen nie Äpfel mit Birnen. So sollten Sie etwa neben dem Preis auch die übrigen Konditionen vergleichen. Es kommt durchaus vor, dass beim Verkaufspreis kein Spielraum mehr besteht (Stichwort: »preisgebundene Markenware«), und es können trotzdem weitere Vergünstigungen, wie eine kostenlose Lieferung, erweiterte Garantie et cetera, erzielt werden.

Andere sinnvolle Verhandlungstechniken, die zum Erfolg führen

Neben der bereits vorgestellten Ankertechnik wende ich seit Jahren folgende Techniken an, um in Verhandlungssituationen zum gewünschten Ziel zu kommen. Alle hier vorzustellen und zu beschreiben sprengt den Rahmen dieses Buches bei Weitem. Stattdessen stelle ich Ihnen meine Erfolgstaktiken vor, die im Laufe von über 20 Jahren Berufserfahrung zu meinen persönlichen Favoriten wurden.

Insbesondere wende ich in Vertragsverhandlungen folgende Techniken bevorzugt an:

- Fragetechniken
- Schweigen
- Motive ergründen
- Gespräch unterbrechen – Pausen einlegen
- Differenzen verhandeln – Gemeinsamkeiten herausstellen
- Ein Wir-Gefühl erzeugen
- Die drei stärksten Argumente

Fragetechniken

Grundsätzlich dienen Fragen dazu, mehr über die Anliegen, Erwartungen und Motive des anderen zu erfahren, aber natürlich auch, um fehlende Informationen zu erhalten. Und: Wer fragt, der führt!

Zunächst einmal besteht die Möglichkeit, entweder offene oder geschlossene Fragen zu stellen. Offene Fragen, die auch als »W-Fragen" bekannt sind – also weshalb, wieso, wann, wo et cetera –, laden dazu ein, ausführliche Antworten zu liefern. Auf geschlossene Fragen antwortet die angesprochene Person hingegen normalerweise mit einer Bejahung oder einer Verneinung. Sie könnten beispielsweise fragen: »Ist dieser Vorschlag für Sie in Ordnung?« In diesem Fall wird ein tendenziell introvertierter Gesprächspartner vielleicht mit einem »Nein« antworten und anschließend wieder schweigen. Oder der Verhandlungspartner ist routiniert genug, um nach einer kurzen Verneinung abzuwarten, um wiederum bei Ihnen Druck aufzubauen. Fragen Sie hingegen: »Was sagen Sie zu meinem Vorschlag?«, dann erhalten Sie in vielen Fällen nicht nur eine Information darüber, wie er dazu steht, sondern auch, aus welchem Grund. Geschlossene Fragen eignen sich hingegen hervorragend, wenn Sie möglichst viele Bestätigungen von Ihrem Gegenüber erhalten wollen. Je mehr positive Antworten Sie erhalten, umso größer ist die Chance, dass sich Ihr Verhandlungspartner unbewusst selbst mit Ihren Vorschlägen identifiziert. Dabei handelt es sich um eine Ankertechnik, die das Gehirn des Angesprochenen positiv auf das Thema programmiert.

So könnten Sie fragen: »Sind Sie auch der Meinung, dass wir inhaltlich schon nahe beieinander sind?«, »Entspricht das Angebot grundsätzlich Ihren Erwartungen?«, »Können Sie sich den Einsatz des Produktes in Ihrem Unternehmen vorstellen?« et cetera. Stellen Sie dabei am besten nicht zu viele Fragen, damit sich Ihr Gesprächspartner nicht fühlt, als befinde er sich in einem Verhör. Normalerweise genügen drei bis fünf derartige Fragen, um eine grundsätzlich positive Programmierung auszulösen.

Auch Alternativfragen zählen zu meinen bevorzugten Fragetechniken. In der einfachsten Form können Sie diese Frage einsetzen, um das Gespräch in eine bestimmte Richtung zu lenken: »Welches dieser beiden Produkte spricht Sie besonders an?«, um sich anschließend auf die getroffene Wahl zu fokussieren. Wenn ein Vertragspunkt noch strittig ist, könnten Sie auch mit Wenn-Dann-Fragen vorgehen: »Wenn ich Ihnen in diesem Punkt entgegenkomme, an welcher Stelle im Vertrag wollen Sie sich auf mich zubewegen?«

Sie können natürlich ganz konkret fragen, falls Sie einen bestimmten Vertragspunkt zu Ihren Gunsten verhandeln wollen, beispielsweise: »Wenn ich Ihnen beim Preis entgegenkomme, übernehmen Sie dann die Lieferkosten?«

Alternativfragen eignen sich außerdem, um scheinbare Varianten aufzuzeigen. So kann etwa ein Gesprächspartner, dem es schwerfällt, Entscheidungen zu treffen, beispielsweise folgendermaßen in die richtige Richtung gelenkt werden: »Wann passt es Ihnen besser, die Lieferung zu erhalten: kommende Woche oder doch besser Anfang der darauffolgenden Woche?« Sie bieten dabei zwar zwei Wahlmöglichkeiten an, doch sämtliche weitere Varianten – beispielsweise, überhaupt keine Ware zu liefern, weil es zu keinem Vertragsabschluss kommt – lassen Sie dabei unerwähnt. In den meisten Fällen tendieren die Gesprächspartner dazu, eine dieser beiden Möglichkeiten zu wählen, sehr häufig sogar die letztgenannte Variante. Der Grund dafür ist relativ leicht erklärt: Wir können uns die letzte Wahlmöglichkeit besser merken, daher entscheiden wir uns häufig dafür.

In manchen Verhandlungssituationen haben sich die Parteien an einem Punkt derart festgebissen, dass es keine wirkliche Lösung zu geben scheint. Stellen Sie dann hypothetische Fragen, die Sie auch als solche einleiten sollten. Zum Beispiel, indem Sie folgende Frage formulieren: »Nehmen wir mal an, wir würden hier in einer idealen Welt leben, könnte man dann nicht wie folgt vorgehen?«

Sie können sich auch auf einen Laienstatus zurückzuziehen, wenn etwa Uneinigkeit über den Preis besteht. Ein Beispiel: »Also ich bin ja nur Jurist und kann nicht rechnen, aber ist der Preis hier wirklich so entscheidend? Könnte man nicht stattdessen auch eine kostenlose Lieferung und Wartung vereinbaren?«

Der Ansatz dabei besteht darin, dass der Laie versucht, die Experten wieder zu entwirren, und nicht selten erweist sich dieses

Vorgehen als erfolgreich. Wenn Sie im Team verhandeln und Mitglieder aus unterschiedlichen Fachrichtungen teilnehmen, ist dies immer eine gute Möglichkeit, in strittigen Fragen als neutraler Dritter kreative Lösungen aufzuführen. Der Laie geht dabei eben nicht nur auf den strittigen (fachlichen) Punkt ein, sondern versucht, ein gesamtes Paket anzubieten.

Schweigen

Eine unvermittelt einsetzende Stille während eines Austausches zwischen zwei oder mehr Personen wird von den meisten Menschen als unangenehm empfunden. Meist hält die Unterbrechung eines Gespräches nur kurz an, bis jemand wieder das Wort ergreift.

In einer Vertragsverhandlung baut ein geschickt eingesetztes Schweigen fast immer Druck auf. So könnten Sie beispielsweise einige Sekunden lang nicht antworten, wenn Ihr Verhandlungspartner bestimmte Konditionen oder Vertragspunkte nannte, die Sie nachverhandeln möchten. Eine andere Möglichkeit wäre, zu schweigen, nachdem der Gesprächspartner seine Argumente für sein Produkt vorgestellt hat. Diese Stille führt fast immer dazu, dass diese Person bereits nach kurzer Zeit weiterredet und weitere Argumente aufzählt oder – im Idealfall – plötzlich von sich aus und ohne Not verbesserte Konditionen und Preisnachlässe anbietet. In anderen Situationen, in denen Sie jemand von seiner Meinung zu überzeugen versucht, können Sie auch sehr gut mit Schweigen antworten. Meist werden dann weniger gute, mitunter schlechte Argumente nachgeschoben, und diese können Sie dann verwerten, um die Meinung des Gegenübers zu entkräften.

Wenn Sie mit dieser Technik während der Vertragsverhandlung Druck aufbauen wollen, dann sollten Sie sich auf ein Schweigen von etwa fünf bis zehn Sekunden, manchmal sogar länger, einstellen. Dieser Zeitraum kann sich mitunter wie eine Ewigkeit anfühlen. Sollte es Ihnen schwerfallen, dann empfehle ich Ihnen, einfach im Geiste die Sekunden zu zählen – »21, 22, 23, ...«. Damit lenken Sie Ihr Gehirn ab, und Sie verfallen nicht so schnell dem Zwang, das Gespräch wieder aufzunehmen.

Setzen Sie das Schweigen als Verhandlungstechnik am besten wohldosiert ein, und verfallen Sie bitte nicht bei der kleinsten Kleinigkeit in andächtige Stille. Diese Technik kann sich bei Ihrem Gegenüber schnell abnutzen, und dann verliert sie ihre Wirkung. An der richtigen Stelle angewendet, kann die Schweigetechnik jedoch einiges zum Verhandlungserfolg beitragen. Trainieren Sie diese Technik so oft wie möglich, vielleicht auch mal im privaten Umfeld.

Ein Tipp, falls die Gegenseite versucht, diese Technik bei Ihnen einzusetzen: Warten Sie einige Sekunden lang ab, und wenn das Gespräch nach dieser Zeit noch immer nicht in Gang kommt, sagen Sie am besten: »Ich gehe davon aus, dass ich Ihr Schweigen als Zustimmung werten darf.« Das bricht normalerweise das sprichwörtliche Eis, und vor allem zwingen Sie Ihr Gegenüber nahezu, darauf zu reagieren. Juristisch ist diese Aussage leider völlig falsch, wirkt aber dennoch in den meisten Fällen.

Motive ergründen

In Vertragsverhandlungen kommt es mitunter zu argumentativen Sackgassen. Das bedeutet, beide Vertragsparteien wollen von ihren Positionen nicht abweichen, und die Verhandlung scheint völlig festgefahren zu sein. Wenn beide Seiten nun an ihrem Standpunkt festhalten, kommt es meist zur Gesprächsunterbrechung oder – im schlimmsten Fall – zum Abbruch der Vertragsverhandlung. Die eine Seite möchte sprichwörtlich nach links, die andere nach rechts abbiegen.

In derartigen Situationen empfiehlt es sich, die dahinterliegenden Motive auf beiden Seiten der Verhandlungsparteien herauszufinden, um doch noch eine für beide Seiten passende Lösung zu erarbeiten. Die Wissenschaftler Roger Fisher, William Ury und Bruce Patton stellten fest, dass sich hinter jeder Verhandlungsposition immer ganz bestimmte Motive befinden, die erst zu dieser Position führten. In ihrem Buch *Das Harvard-Konzept* beschreiben sie Techniken, um diese Motive herauszufinden und dadurch häufiger Verhandlungserfolge zu erzielen.[14]

Ich erzähle Ihnen eine kurze Geschichte als Beispiel für den Unterschied zwischen Positionen und Motiven. Vor einiger Zeit führte ich Verhandlungen, die insgesamt harmonisch verliefen. Im Laufe des Gespräches kamen wir auf den Zeitpunkt der Vertragsunterzeichnung zu sprechen. Der Geschäftsführer der Gegenseite wollte unbedingt am kommenden Tag den Vertrag vor dem Notar unterzeichnen. Diese Forderung kam für meinen Mandanten mehr als überraschend, da aus seiner Sicht so kurzfristig kein Notar verfügbar war. Wir schlugen vor, einen Termin in der nachfolgenden Woche zu wählen, doch das wurde von der Gegenseite kategorisch abgelehnt. Vielmehr prangerte der Geschäftsführer jetzt unsere mangelnde Flexibilität an. Nach hitziger Diskussion stellte ich die Frage, aus welchem Grund denn dieser Notartermin am nächsten Tag plötzlich so wichtig war. Der Geschäftsführer antwortete: »Na, weil ich morgen Abend in den Flieger Richtung Sonne steige.« Ich konnte vermutlich einen verdutzten Gesichtsausdruck nicht verbergen, denn für einen Notartermin musste dieser Geschäftsführer nicht persönlich anwesend sein, sondern konnte sich von einem Mitarbeiter des Unternehmens vertreten lassen. Genau das teilte ich ihm mit. Tatsächlich hatte der Geschäftsführer nicht an diese Vertretungsmöglichkeit gedacht, denn er erklärte uns, dass er bisher immer alle Notartermine persönlich wahrgenommen hatte. Nach dieser erhellenden Erklärung waren plötzlich alle strittigen Punkte vom Tisch, und es wurde ein Notartermin in der Folgewoche vereinbart.

»Warum sagen Sie das nicht gleich?« Dieser Satz könnte in Verhandlungssituationen viele Streitigkeiten und Eskalationen vermeiden. Wenn beide Seiten auf ihren Positionen beharrt hätten, dann wäre es niemals zu einer Einigung gekommen. Durch meine Frage änderte sich die Lage jedoch völlig. Schließlich ging es nie um den konkreten Termin, sondern um die Rettung des ersehnten Urlaubs und vielleicht auch die Vermeidung eines Streits mit der Familie, wenn der Urlaub schon wieder verschoben werden muss.

Was steckt beispielsweise hinter der Forderung nach einem Preisnachlass von 20 Prozent? Ist tatsächlich der niedrigere Bezugspreis das Thema? Vielleicht. Vielleicht geht es aber um die Frage der Finanzierbarkeit, da gerade wenig Liquidität vorhanden ist. Oder es geht um Gesichtsverlust beim Chef, wenn man den ursprünglichen Preis akzeptiert.

Versuchen Sie die Motive hinter Verhandlungspositionen herauszufinden, dann kommen Sie vermutlich in die Lage, eine Einigung zu erzielen. Und seien Sie sich dabei immer auch Ihrer eigenen Motive und derjenigen Ihres Unternehmens bewusst, wie bereits schon im zweiten Kapitel beschrieben wurde.

Am besten ergründen Sie Motive, indem Sie einfach nach dem »Warum« fragen. Oftmals werden Sie hier erstaunlich ehrliche Antworten erhalten (wie in meinem vorherigen Beispiel).

PROFITIPP:

Versetzen Sie sich in die Situation des anderen, und versuchen Sie herauszufinden, was ihn dazu bewegt, sich so zu verhalten, wie es aktuell der Fall ist. Fokussieren Sie sich zunächst einmal auf seine Position oder Positionen, und fragen Sie sich, warum er möglicherweise darauf besteht. Auf diese Weise »schwingen« Sie sich auf Ihr Gegenüber ein und bekommen einen Eindruck über seine Motive. Anschließend fragen Sie nach dem »Warum«. Normalerweise benötigen Sie nicht mehr als fünf Fragen, um die Motive herauszufinden und dadurch eine für beide Seiten passende Lösung – die tatsächlich hinter den Positionen versteckt ist – zu finden.

Sie könnten beispielsweise fragen:

- Aus welchem Grund ... wollen Sie einen Preisnachlass von 20 Prozent?
- Was ist der Grund dafür, dass Sie auf [konkrete Forderung] bestehen?
- Warum ... wollen Sie jetzt noch keine Entscheidung treffen?

Wichtig dabei ist, dass Sie offene Fragen stellen, sonst erhalten Sie lediglich kurze Ja-/Nein-Antworten, und Sie drehen sich im Kreis.

Manchmal liegen die Dinge aber nicht ganz so einfach, weil der Vertragspartner sich selber nicht ganz im Klaren über die eigenen Motive ist oder weil er schlichtweg pokert oder nicht gut kommunizieren kann. Dann bleibt Ihnen nichts anderes übrig, als tiefer in die Befragung einzusteigen und alternative Lösungen abzufragen.

Nehmen wir folgende Frage an, die Sie beispielsweise Ihrem Verhandlungspartner stellen: »Was wäre, wenn ich Ihnen statt der 20 Prozent Preisnachlass in anderer Form entgegenkomme?«

Abhängig von der Antwort bekommen Sie einen Eindruck, welche Motive hinter dieser Forderung liegen. Mitunter ist der Verhandlungspartner auf eine ganz bestimmte Richtung fokussiert, und er erkennt alternative Lösungswege überhaupt nicht. Sie könnten dann durch das Aufzeigen zusätzlicher Alternativen der Vertragsverhandlung eine neue Richtung geben und so zum Ziel kommen.

»Was wäre, wenn ich Ihnen diesen Preisnachlass nicht gewähren kann?« Auch diese Frage kann einen Blick auf die Motive des Gesprächspartners erlauben. Entweder er antwortet, dass er sich in diesem Fall einem anderen Geschäftspartner zuwendet, oder er fragt nach anderen Lösungen. Im zweiten Fall könnten Sie unter Umständen sogar eine Erhöhung der ursprünglich vereinbarten Menge anbieten und damit den geforderten Preisnachlass gewähren. Dann erzielen sogar beide Verhandlungsparteien einen Erfolg.

Gespräch unterbrechen – Pausen einlegen

Manchmal erweist es sich als sinnvoll, eine Verhandlungspause einzulegen. Vor allem dann, wenn sich beide Seiten in einem Thema festgefahren haben und bereits seit einigen Stunden in der Vertragsverhandlung sitzen. Machen Sie eine Pause und, wenn möglich, sollten Sie sich einen zehnminütigen Spaziergang an der frischen Luft genehmigen.

Zudem bewährt es sich, ein kompliziertes Thema beiseite zu schieben und zu einem späteren Zeitpunkt wieder aufzugreifen. Sie können in der Zwischenzeit andere Vertragspunkte besprechen. Aber Vorsicht: Parken Sie nicht zu viele offene Punkte, denn der Parkplatz könnte dann wegen Überfüllung geschlossen werden.

Manchmal ist es auch sinnvoll, die Verhandlungsrunde überhaupt abzubrechen und einen neuen Termin zu vereinbaren. Vielleicht sogar mit einem zusätzlichen Experten, der zu einer Lösung in einer verfahrenen Situation beitragen kann, wie es insbesondere bei technischen Aspekten durchaus vorkommt. Solche Terminverschiebungen sollten gleichzeitig immer mit konkreten »Hausaufgaben« für beide Seiten verbunden sein. Es bringt nämlich überhaupt nichts, wenn sich die Verhandlungspartner nach einer Woche erneut treffen und dann dieselben Argumente austauschen. Sie sollten daher diese Zeit bis zum nächsten Termin nutzen, über Alternativen nachzudenken, und geben Sie diese Aufgabe auch Ihrem Verhandlungspartner mit.

Nach meiner Erfahrung bringt es in den meisten Fällen wenig, festgefahrene Situationen mit Gewalt zu einem Ergebnis zu führen, und wir erzielen weitaus bessere Ergebnisse, wenn wir nach einer Unterbrechung das konfliktbehaftete Thema erneut – eventuell auch mit einem neu zusammengesetzten Team – aufgreifen. Eventuell aufgebaute Spannungen können auf diese Weise abgebaut werden.

Differenzen verhandeln – Gemeinsamkeiten herausstellen

Eine weitere Möglichkeit besteht darin, sich auf die noch offenen unterschiedlichen Verhandlungspositionen zu fokussieren. »Differenzen behandeln« bedeutet nicht, das große Ganze zu diskutieren und schlecht zu reden, sondern die wenigen Aspekte zu behandeln, die beide Vertragsparteien noch voneinander trennen.

Beispielsweise wenn die eine Seite einen Preis von 1000 Euro fordert und die andere Seite auf 1200 Euro besteht. Wird dann der Fokus auf die noch offen 200 Euro gerichtet, kann es helfen, schneller eine Einigung zu erzielen.

»Uns trennen jetzt nur noch 200 Euro. Wegen dieser Summe wird doch unsere Zusammenarbeit nicht scheitern, oder? Was halten Sie davon, wenn Sie diese Differenz akzeptieren, und Sie stattdessen einen größeren Spielraum bei der Bezahlung des Gesamtbetrages erhalten? Sagen wir mal, ein Zahlungsziel von drei Wochen?« Durch diese Verschiebung auf einen weitaus kleineren Wert kann eine Einigung in vielen Fällen schneller erreicht werden.

Sie können zusätzlich die bereits getroffenen Vereinbarungen auf einem Blatt Papier oder via Flipchart visualisieren, um dann die letztlich geringe Differenz noch stärker erscheinen zu lassen. Gab es bereits zuvor einige Verhandlungsrunden, dann verstärkt sich dieser Effekt, wenn nur noch wenige Themen vor der Vertragsunterzeichnung offen sind.

Ein Wir-Gefühl erzeugen

Ich empfehle Ihnen, in Vertragsverhandlungen verstärkt von einem »Wir« zu sprechen, statt ständig das Gefühl zu vermitteln, es stünden sich zwei Parteien gegenüber, die zum Duell antreten. Dieses Wir-Gefühl drückt den Wunsch aus, gemeinsam an einem Ziel zu arbeiten, und es hilft, entweder einen sinnvollen Konsens zu erreichen oder – im Idealfall – die eigenen Positionen durchzusetzen.

Vor allem wenn Sie mit Ihrem Vertragspartner bereits seit einiger Zeit zusammenarbeiten, kann das Wir-Gefühl helfen, schneller zu einer gemeinsamen Lösung zu finden.

»Wir kennen uns jetzt schon seit einigen Jahren und haben in der Vergangenheit immer gut zusammengearbeitet.« Das Wir-Gefühl schafft Vertrauen und damit eine wichtige Basis für einen positiven Vertragsabschluss.

Eine weitere Möglichkeit besteht darin, mit Ich-Botschaften zu argumentieren. Damit fühlt sich Ihr Gegenüber nicht direkt mit Ihrer Aussage konfrontiert, sondern ihm wird eine – scheinbare – Wahl angeboten. Statt »Sie verstehen das überhaupt nicht« könnte man sagen: »Ich habe den Eindruck, dass Sie mich noch nicht verstanden haben«, oder: »Ich gebe Ihnen gerne weitere Informationen, da ich den Eindruck habe, dass noch nicht alles erklärt wurde.« Ich-Botschaften helfen, Spannung aus Gesprächssituationen zu nehmen, deswegen sollten Sie immer wieder darauf zurückgreifen, damit Ihre Aussagen nicht zu direktiv oder gar anklagend klingen. Ich habe häufig erlebt, dass ein Argument wie ein Befehl klang und deswegen die andere Seite auf stur schaltete. Nach der Umformulierung der gleichen Aussage als Ich-Botschaft konnten diese Gespräche in konstruktiver Weise fortgeführt werden.

Die drei stärksten Argumente

Schließlich sollten Sie sich auf wenige Argumente konzentrieren, statt Ihr Gegenüber mit einer Flut an Informationen zu überfordern. Überlegen Sie sich, welche Faktoren für die Gegenpartei besonders wichtig sind, und darauf sollten Sie sich fokussieren. Es ergibt in den meisten Fällen mehr Sinn, lediglich wenige und dafür starke Argumente zu finden, statt viele und letztlich vorwiegend schwache Argumente aufzufahren. Erfahrene Verhandler lassen häufig sämtliche weitere Punkte weg, sobald sie merken, dass ein ganz bestimmtes Argument den Gesprächspartner überzeugt hat.

Dazu ist es auch gut zu wissen, was dem Verhandlungspartner überhaupt wichtig ist. Das bedeutet, welche Probleme löst diese Vertragsvereinbarung in den Augen der Gegenseite? Je mehr Sie darüber herausfinden, desto genauer können Sie Ihre Argumente vorbereiten. Und denken Sie immer daran: Jedes Argument erzeugt ein Gegenargument!

In der Literatur wird oftmals empfohlen, das stärkste der drei Argumente zuerst, dann das schwächste und zum Schluss das zweitstärkste zu nennen. Ich empfehle Ihnen jedoch, das stärkste Argument zum Schluss zu nennen. Erinnern Sie sich noch an Ihre Deutschstunden in der Schule und die Klassenarbeit, in der Sie argumentieren sollten? Na? Eben! Das stärkste Argument kommt zum Schluss, denn das bleibt im Gehirn.

Weitere Verhandlungstaktiken

Die folgenden Taktiken sollten Sie ebenfalls kennen und im Verlauf einer Vertragsverhandlung anwenden, immer abhängig von der jeweiligen Situation.

- **Pakete schnüren**
  Sofern die Möglichkeit besteht, sollten Sie während der Verhandlungsgespräche darauf achten, ob sich nicht Pakete schnüren lassen, die für beide Seiten Vorteile bieten. Wenn Sie beispielsweise über mehrere Produkte verhandeln, kann es sich als sinnvoll erweisen, diese zusammenzufassen und dafür einen pauschalen Preis zu vereinbaren. Dieses Vorgehen erweist sich dann als erfolgversprechend, wenn an manchen Stellen etwa Preisdifferenzen vorhanden sind. Es wird dann eine Mischkalkulation durchgeführt, und für beide Seiten entsteht dadurch eine Win-Win-Situation. Wird nur über ein Produkt verhandelt, können Zusatzleistungen zum (wenig bis gar nicht) verhandelbaren Preis vereinbart werden.

- **Alternativen aufzeigen**
  Wenn Sie in der Vertragsverhandlung lösungsorientiert vorgehen und dabei nicht ausschließlich an Ihren eigenen Vorteil denken, können sich durchaus neue Gelegenheiten für beide Seiten ergeben. Setzen Sie sich dazu auch mal »auf den Stuhl des anderen«. Das bedeutet, überlegen Sie sich, was dem Verhandlungspartner wichtig sein könnte und warum er sich aktuell so verhält. Auf diese Weise ergeben sich häufig Alternativen, die für beide Seiten lukrativ sein können.
  Ein Beispiel: Sie verkaufen IT-Systeme und seit einiger Zeit drehen sich sämtliche Gespräche um die Höhe des Anschaffungspreises. Wenn Sie sich in die Welt Ihres Gesprächspartners versetzen, stellen Sie vermutlich fest, dass ihn nicht nur der hohe Kaufpreis abschreckt, sondern auch die Überlegung, dass er in

wenigen Jahren erneut investieren muss, weil dann die aktuelle Technologie hoffnungslos veraltet ist. Als Alternative könnten Sie ihm beispielsweise eine Leasingvereinbarung anbieten. Er zahlt dann einen monatlichen Betrag für die gesamte Ausstattung und tauscht diese nach einigen Jahren einfach aus. Gleichzeitig erhalten Sie den Gesamtwert von der Leasinggesellschaft. Eine Win-Win-Situation für beide Seiten.

- **Die Vorteile Ihrer Argumente herausstellen**
  Sämtliche Argumente erzeugen nur dann Wirkung, wenn sie einen Nutzen für Ihr Gegenüber darstellen. Überlegen Sie sich daher immer, welchen Vorteil Ihr Gesprächspartner bei Ihrem Argument hat, und sprechen Sie es auch direkt an. Gehen Sie wie folgt vor: Bringen Sie Ihr Argument vor und gleich anschließend den Nutzen für den Gesprächspartner. Vermeiden Sie es, lediglich das Argument zu nennen und erst wenn Einwände folgen, den Nutzen anzuführen. Dadurch verwässern Sie die Vorteile für den anderen, und er wird den Nutzen meist nur noch abgeschwächt wahrnehmen. Sie verschießen auf diese Weise unnötiges Pulver.

- **Nochmal nachfragen**
  Fragen Sie bei Unklarheiten immer nach. Dabei kann es sich um Punkte handeln, die Sie selbst noch nicht verstanden haben, oder auch um Themen, die möglicherweise für einige der Verhandlungsteilnehmer unklar blieben. Offene Fragen und unverstandene Punkte rächen sich in Vertragsverhandlungen so gut wie immer, spätestens am Ende, wenn die finale Unterschrift gesetzt werden soll. »Ich muss da mal genau fragen ...« oder »Habe ich Sie jetzt richtig verstanden, dass ...« erweisen sich häufig als wichtige Einwürfe, welche die weiterführende Verhandlung um ein Vielfaches erleichtern.

Der richtige Mix sorgt für Erfolg

Die einzig richtige Verhandlungstechnik existiert nicht. Vielmehr handelt es sich um eine Mischung aus vielen einzelnen Techniken, die letztlich den Verhandlungserfolg ausmachen. Achten Sie dabei in erster Linie immer auf Ihr Ziel, das Sie mit dem Vertragsabschluss verfolgen. Zusätzlich sollten Sie flexibel bleiben und sich auf Ihren Verhandlungspartner einstellen: Was will er wirklich erreichen, welches Problem möchte er mit diesem Vertrag lösen und welche Verhandlungstechniken erzielen die beste Wirkung? Eine Vertragsverhandlung ist außerdem auch eine Frage der Erfahrung. Je mehr Sie davon besitzen, umso sicherer und damit gleichzeitig erfolgreicher werden Sie künftig vom Verhandlungstisch mit einer finalen Unterschrift aufstehen.

KAPITEL 7

Verhalten in schwierigen Verhandlungssituationen

Mitunter treten Verhandlungssituationen auf, die den weiteren Verlauf nicht nur schwierig gestalten, sondern in Ausnahmefällen sogar einen Abbruch der Gespräche notwendig machen. Ein Verhandlungsabbruch zählt sicherlich zu den schwierigsten Entscheidungen für beide Verhandlungspartner, da normalerweise bis zu diesem Schritt eine nicht unerhebliche Menge an Energie, Zeiteinsatz und häufig auch finanzielle Aufwände zu verbuchen waren. Im Laufe meiner Tätigkeit als juristischer Berater erlebte ich häufig Verhandlungsteams, die den Abbruch der Vertragsverhandlung zwar als unausweichlich sahen, aber trotzdem weiterverhandeln wollten, eben weil bis zu diesem Zeitpunkt ein inzwischen großer Aufwand betrieben wurde. Die Frage, die sich dabei immer stellt, lautet: Wenn bereits in dieser Phase große Differenzen zwischen den künftigen Geschäftspartnern bestehen, wie soll es dann nach Vertragsabschluss weitergehen?

In diesem Kapitel erhalten Sie nicht nur Antworten, worauf Sie bei einem Vertragsabbruch achten sollten, sondern auch, wie Sie mit schwierigen Verhandlungspartnern umgehen. Außerdem stelle ich

Ihnen diejenigen unfairen Verhandlungstaktiken vor, die nach meiner Erfahrung am häufigsten eingesetzt werden, und gebe Ihnen Hilfestellungen, wie Sie damit umgehen sollten.

Unfaire Verhandlungstaktiken

Die folgenden Taktiken[15] funktionieren in Verhandlungssituationen, das steht außer Frage. Trotzdem empfehle ich Ihnen, sie nicht aktiv einzusetzen, denn sie zielen darauf ab, die Gegenpartei zu verunsichern, einzuschüchtern oder in anderer Form in die Ecke zu drängen. Nach meiner Erfahrung rächt sich so etwas immer, denn selbst wenn Sie auf diese Weise einen für Sie günstigen Vertragsabschluss erreichen, kann eine gestörte Geschäftsbeziehung die Folge sein. Ihr Vertragspartner wird mit hoher Wahrscheinlichkeit versuchen, Ihnen bei passender Gelegenheit Ihr unfaires Verhalten heimzuzahlen, spätestens dann, wenn Sie einen Vertragspunkt nachträglich anpassen wollen. Ich habe oft genug erlebt, dass nach einer Vertragsverhandlung, die mit unfairen Methoden von einer der beiden Seiten geführt wurde, jede noch so minimale Abweichung des Vertrages in ewig lange Diskussionen ausuferte, und meist wurden diese Gespräche dann gleich von Juristen geführt. Die ursprünglichen Verhandlungspartner wechselten nämlich so gut wie kein Wort mehr miteinander.

Die Qualität einer Geschäftsbeziehung wird bereits während der Vertragsverhandlung geschaffen. Je fairer schon zu Beginn miteinander umgegangen wird, desto besser verläuft die anschließende Umsetzung. Nachdem ich viele Male dieses Verhalten beobachten konnte, wurde es für mich ein Grundprinzip in der Vertragsverhandlung:

Je fairer beide Parteien von Anfang an miteinander umgehen, umso Erfolg versprechender verläuft die nachfolgende Geschäftsbeziehung.

Hier sind die aus meiner Sicht am häufigsten verwendeten unfairen Verhandlungsmethoden, die mir im Laufe der Jahre immer wieder unterkamen:

- Salamitaktik
- Für ständige Verunsicherung sorgen
- Druck aufbauen
- Permanentes Schweigen
- Autoritäres sowie dominantes Verhalten
- Beschränkung auf Wissenschaft und Phrasen
- Verschleierungstaktik
- Persönlicher Angriff, Kompetenz infrage stellen, diffamieren, beschuldigen
- Ständig Vorwürfe erheben und einen gegensätzlichen Standpunkt einnehmen
- Ständiges Unterbrechen
- Moralisieren und isolieren

Salamitaktik

Als Salamitaktik bezeichnet man das stückweise Nachschieben von Forderungen. Es handelt sich dabei um eine zwar durchaus gängige, gleichzeitig jedoch ausgesprochen unfaire Verhandlungstaktik. Vor allem im Dienstleistungsbereich wird sie angewendet, um zusätzliche Vorteile herauszuschlagen, obwohl bereits alles final vereinbart wurde. »Wenn Sie schon mal da sind, könnten Sie dann auch mal nachsehen, ob ...« ist ein Satz, den vermutlich ein jeder Handwerker schon einmal gehört hat. Vor allem dann, wenn

Verhalten in schwierigen Verhandlungssituationen

ein Pauschalpreis vereinbart wurde und auf diese Weise eine zusätzliche und zugleich kostenlose Leistung nachverhandelt wird.

Die Salamitaktik kommt jedoch auch in komplexen Verhandlungssituationen vor, etwa bei Vertragsverhandlungen zwischen Unternehmen und Bankhäusern. In einem Fall, den ich als juristischer Berater eines Finanzunternehmens begleitete, wandte der Verhandlungspartner – eine Immobilienverwaltungsgesellschaft mit über 1000 Wohneinheiten im Portfolio – eine besonders perfide Taktik an: Nachdem der Vertrag nach über fünf Verhandlungsrunden und zwischenzeitlich unzähligen Arbeitsstunden, wenn man sämtliche telefonischen und schriftlichen Abstimmungsrunden berücksichtigt, endlich unterschriftsreif vorlag, begann für die Gegenpartei scheinbar erst die eigentliche Vertragsverhandlung. Beide Verhandlungsteams trafen sich auf neutralem Boden zur finalen Vertragsunterzeichnung. An diesem Treffen nahm eine für uns unbekannte Person auf der Seite des Verhandlungsgegners teil. Im Nachhinein betrachtet handelte es sich dabei vermutlich um den Juristen fürs Grobe, den die Immobiliengesellschaft als Ass aus dem Ärmel zog. Er begann, jeden einzelnen Vertragspunkt anzusprechen und beinahe überall nachzuverhandeln. »Sie haben bei § 15 Absatz 4 dem Punkt X zugestimmt. Das bedeutet, wenn wir ihn um den Aspekt Y erweitern, werden Sie doch sicherlich nichts dagegen haben. Am Ende entstehen dadurch nur Vorteile für uns beide, nicht wahr?« So in etwa lautete sein Einstieg in so ziemlich jeden Vertragspunkt. Zu Beginn waren es tatsächlich lediglich minimale Vertragsanpassungen, die sich nicht unbedingt nachteilig für uns auswirkten, doch im Laufe der Zeit merkten wir, dass sich dieses Vertragswerk immer mehr zugunsten der Gegenseite und zum Nachteil der Bank verschob. Nebenbei bemerkt handelte es sich dabei um einen Vertrag im Umfang von über 120 Seiten.

Ein derartiges Vorgehen ist nicht nur ärgerlich, sondern in höchstem Maße unfair, und die Strategie derjenigen Verhandlungspartei, die diese Salamitaktik anwendet, zielt auf einen besonderen Effekt in Verhandlungen ab: Je länger und intensiver eine Vertragsverhandlung durchgeführt wird, umso wichtiger ist es uns normalerweise, endlich die finale Unterschrift zu setzen. Wenn wir also viel Zeit und Energie in ein Unterfangen investieren, dann wollen wir es auch erfolgreich zu Ende bringen. Die Salamitaktik zielt auf diesen Wunsch ab. Nun werden plötzlich noch einige zusätzliche Vertragspunkte aufgeschnürt und neu verhandelt, in der Erwartung, dass die Gegenseite ohne viel Widerstand dem Ganzen zustimmt, um endlich den Vertrag unter Dach und Fach zu bringen.

In dem zuvor beschriebenen Fall mit der Immobilienverwaltungsgesellschaft kam noch eine Zermürbungstaktik hinzu, denn nach drei Stunden waren wir erst bei Seite 20 angelangt, und vor uns standen noch etwa 100 Seiten, die der Anwalt fürs Grobe garantiert mit unaufhaltsamer Leidenschaft nachverhandeln wollte.

Ich empfehle Ihnen, von dieser Taktik unbedingt die Finger zu lassen, wenn Sie mit Ihrem Verhandlungspartner über einen längeren Zeitraum hinweg zusammenarbeiten wollen, denn die Salamitaktik kann schnell das gegenseitige Vertrauen zerstören, da sie in erster Linie die Beziehungsebene untergräbt. Bei einem Vertrag für ein einmaliges Ereignis, zum Beispiel beim Kauf einer Ware, ist es eine Frage des eigenen moralischen Anspruchs, ob diese Taktik Anwendung findet oder nicht.

Sollten Sie hingegen feststellen, dass Ihr Verhandlungspartner stückweise immer neue Forderungen nachschiebt, dann empfehle ich Ihnen, diese Taktik sofort zu entlarven: »Ich sehe, Sie sprechen etwas an, was wir bereits fertig verhandelt haben. Wenn wir jetzt so weitermachen, dann schnüren wir das gesamte Paket wieder auf. Wollen Sie das wirklich?« Rechnen Sie an dieser Stelle auch damit, dass Ihr Vertragspartner hier mit einem »Ja« antwortet oder sich damit herausredet, dass er nur Ergänzungen zum bereits Vereinbarten vornehmen möchte. Dann hilft nur ein klares »Stopp – bis hierher und nicht weiter!«

Grundsätzlich gilt, immer wenn von einer Verhandlungsseite eine neue Forderung gestellt wird, dann sollten beide Seiten – und nicht nur eine Verhandlungspartei – einen Vorteil daraus erzielen. Ganz nach dem Motto: »Ich gebe dir, damit du mir gibst.« Dabei handelt es sich um eine der Grundvoraussetzungen für eine faire Vertragsverhandlung.

Übrigens endet die Vertragsverhandlung mit der Immobilienverwertungsgesellschaft mit dem kurzfristigen Abbruch der Verhandlungsrunde. Schließlich einigten wir uns darauf, das Vertragswerk in seiner ursprünglichen – unterschriftsreifen – Form zu unterzeichnen. Wir trafen uns also ein erneutes Mal, diesmal ohne den Anwalt fürs Grobe, und besiegelten mit der gegenseitigen Unterschrift die neue Finanzierungsrunde für das Immobilienunternehmen. Und auch das ist ein Tipp für erfolgreiche Verhandlungen: Wenn eine Person als Störer empfunden wird, sollte sie ersetzt oder ganz aus den Verhandlungen entfernt werden. Falls dieser Schritt aus Ihrer Sicht notwendig wird, sollten Sie diesen Schritt zwar freundlich, aber bestimmt einfordern.

Für ständige Verunsicherung sorgen

Die Verunsicherungstaktik kennzeichnet sich durch eine zur Schau gestellte kritische Haltung und häufiges Stellen von Gegenfragen. Auch immer wiederkehrende Unterbrechungen verfolgen in den häufigsten Situationen das Ziel, den Gesprächspartner aus dem Konzept zu bringen.

In dieser Situation sollten Sie zunächst einmal darauf achten, keine passive Körperhaltung einzunehmen, ganz gleich, ob das Gespräch persönlich oder am Telefon geführt wird. Richten Sie dazu Ihren Oberkörper auf, oder – wenn nötig – nehmen Sie sogar eine Powerpose ein. Diese Körperhaltungen werden auch als Machtposen bezeichnet. Sie führen zu einer Reduktion unseres Stresslevels und helfen, in einer solchen Verhandlungssituation mehr Selbstvertrauen aufzubauen und auf Augenhöhe zu bleiben.[16] Anschließend sollten Sie diese Taktik entlarven, falls der Verhandlungsgegner augenscheinlich keinen echten Dialog eingehen will, sondern Sie nur in die Enge zu treiben versucht. So können Sie etwa argumentieren: »Jetzt habe ich eine Menge Punkte gehört, die sich gegen unser Gesprächsthema richten. Welchen Aspekten stimmen Sie denn zu?«, oder: »In welcher Sache sind wir uns denn überhaupt einig?«

Falls der Gesprächspartner daraufhin entgegnet, dass aus seiner Sicht keine der angeführten Aspekte interessant oder für ihn nicht relevant sind, dann sollten Sie gleich die nächste Frage stellen: »Das ist ja mal ein Ansatz! Was ist es denn genau, was Sie interessiert?« Fragen Sie so lange, bis Sie Ansatzpunkte finden, an die Sie anknüpfen können. Wenn er sich lediglich in Pauschalantworten flüchtet, können Sie davon ausgehen, dass Ihr Gegenüber wohl nur ein geringes Interesse an einer Zusammenarbeit hegt.

Druck aufbauen

Wenn Sie ständig unter Zeit- oder Abschlussdruck gesetzt werden, dann sorgt der dadurch entstandene Stress dafür, dass Sie eher die Bereitschaft entwickeln, Zugeständnisse einzugehen. Genau darauf zielt diese Verhandlungstaktik ab.

Geben Sie diesem Druck keinesfalls nach, sondern stellen Sie stattdessen neue Spielregeln auf – und zwar durch Abgrenzung sowie durch Motivfragen. Damit Ihnen das gelingt, sollten Sie unbedingt Ihre Verhandlungsziele und Ihre unteren Grenzen kennen, wie bereits im ersten Kapitel vorgestellt.

Wenn etwa der Verhandlungspartner fordert, dass er von Ihnen bis heute um 17 Uhr eine Zusage benötigt, dann könnten Sie nach seinem Motiv für diese Forderung fragen, beispielsweise: »Welche

Gründe gibt es, dass Sie die Zusage bis heute 17 Uhr benötigen?« Je nachdem, wie er antwortet, können Sie leichter abschätzen, ob er lediglich Druck aufbauen möchte oder ob seine Gründe sogar gerechtfertigt sind.

Um sich abzugrenzen, können Sie folgendermaßen argumentieren: »Es macht keinen Sinn, mich unter Druck zu setzen. Welche Alternativen gibt es noch?«

Verhandlungsprofis verwenden gerne eine Technik, die sich »Verknappung« nennt. Das bedeutet, ein bestimmtes Angebot oder eine Leistung ist entweder nur zeitlich befristet vorhanden oder ist von einem anderen Vertragspunkt abhängig.

»Diesen Sonderrabatt bekommen Sie nur, wenn Sie heute bestellen!« oder: »Es sind nur noch zwei Stück vorhanden.« Wenn Sie merken, dass die Gegenseite auf diese Weise Druck aufbaut, dann sollten Sie diesen Druck ins Leere laufen lassen. »Gut, dann ist es halt so, und ich komme nicht in den Genuss dieses unschlagbaren Angebotes« könnte die Antwort lauten, sofern Sie sich nicht unter Druck setzen lassen wollen.

Die nächsthöhere Stufe des Druckes wäre die Drohung, die dem Verhandlungspartner gegenüber ausgesprochen wird (»Wenn Sie hier kein Zugeständnis machen, breche ich die Verhandlung ab!«). Auch hier können Sie in gleicher Weise gegenhalten, und – ganz wichtig – jeder Drohung muss die Umsetzung folgen, ansonsten wird man unglaubwürdig.

Permanentes Schweigen

Im Prinzip handelt es sich dabei um eine weitere Version der Verunsicherungstaktik. Anders als das im vorherigen Kapitel beschriebene wohldosierte vereinzelte Schweigen, wird hier – egal, was Sie sagen und argumentieren – Ihr Verhandlungspartner beinahe ständig und möglichst lange schweigen. Häufig wird dieses Verhalten mit anderen – negativen – Verhandlungstaktiken kombiniert. Durch dieses Schweigen versucht die Gegenseite, entweder mehr Zugeständnisse herauszulocken, ohne diese aktiv einzufordern, oder sie wartet darauf, dass Sie sich um Kopf und Kragen reden, und wird dann das eine oder andere Argument verwenden, um zusätzlichen Druck aufzubauen.

Lassen Sie sich unter keinen Umständen von Ihrem Impuls leiten, weiterzureden, während der andere schweigt. Stellen Sie offene Fragen, die den anderen zwingen, etwas zu sagen. Schweigt er weiterhin – und es gibt die Verhandler, die penetrant schweigen –, dann sprechen Sie die Situation direkt an. »Sie gehen weder auf meine Fragen ein, noch reagieren Sie auf meine Ausführungen. Wie lange wollen Sie an Ihrer Strategie des Schweigens noch festhalten?« könnte eine durchaus fordernde Form der Konfrontation lauten. In vielen Fällen lautet die Antwort der Gegenseite lediglich: »Ich höre Ihnen einfach zu.« Sollte diese Antwort kommen, dann wissen Sie, dass ganz klares Kalkül hinter diesem Verhalten steckt und der Verhandlungsgegner nicht gewillt ist, seine Taktik aufzugeben.

Ich empfehle Ihnen, in einer derartigen Situation klare Worte zu finden, um diese Taktik zu durchbrechen. Beispielsweise könnten Sie darauf antworten: »Ich habe den Eindruck, mich in einem Verhör zu befinden oder zumindest in einem Beichtstuhl. Wenn wir eine Vertragsverhandlung führen, dann sollte diese auf Augenhöhe stattfinden, und das ist aktuell nicht der Fall.« Im Zweifelsfall sollten Sie diese Verhandlungsrunde abbrechen, denn das Ziel Ihres Verhandlungsgegners besteht darin, durch sein Schweigen einen starken Druck aufzubauen, damit Sie möglichst hohe Zugeständnisse machen. Nebenbei erwähnt: Schweigen zu ertragen lässt sich durchaus trainieren.

Autoritäres sowie dominantes Verhalten

Ein autoritäres und dominantes Auftreten zielt darauf ab, Sie in Ihrer eigenen Wahrnehmung als den schwächeren Teil in dieser Verhandlung zu betrachten. Wenn sich Menschen unterlegen fühlen, versuchen sie normalerweise, alles dafür zu tun, den anderen zufriedenzustellen. Durch die Zurschaustellung von Autorität und Dominanz möchte der Verhandlungsgegner natürlich Vorteile aus Ihnen herauspressen. Wenn man möchte, ist diese Verhandlungstaktik eine erste Form der Erpressung.

Gehen Sie nicht darauf ein, und begegnen Sie der Körpersprache des Gegenübers mit den nonverbalen Sympathietechniken aus dem dritten Kapitel, während Sie auf der verbalen Ebene sehr klar kommunizieren. Vermeiden Sie Weichmacher und Verniedlichungen, und bleiben Sie bei kurzen Sätzen. Dieser Widerspruch zwischen den nonverbalen (eher harten) und verbalen (eher weichen) Signalen reicht meist völlig aus, um den anderen von seiner Verhandlungstaktik abzubringen.

Beschränkung auf Wissenschaft und Phrasen

Diese Taktik wird entweder dazu eingesetzt, um permanent wissenschaftliche Studien zu verlangen, die Ihre Argumente untermauern sollen, oder die Gegenseite formuliert Ihre Einwände in Form von Lehrmeinungen beziehungsweise Phrasendrescherei.

»Bevor Sie weiterreden: Welcher wissenschaftlichen Grundlage folgt überhaupt Ihre Aussage?«, »Traue keiner Statistik, die man nicht selbst gefälscht hat. Sie kennen ja sicherlich dieses Zitat. Wissen Sie, von wem es stammt? Egal, ich bin ein Anhänger von ›Probieren geht über Studieren‹, deswegen möchte ich mich zuerst unverbindlich vergewissern, ob das alles auch so stimmt, was Sie sagen.« So lauten mögliche Formulierungen bei dieser Verhandlungstaktik. Eine andere Alternative besteht darin, scheinbare Werte zu zitieren und daran während der Vertragsverhandlung festzuhalten.

Im letztgenannten Fall können Sie die Motive, die hinter diesen Werten stecken, anerkennen und diese zu Ihren Gunsten umdrehen. Wenn sich die Gegenseite hinter wissenschaftlichen Arbeiten und Lehrmeinungen versteckt, dann sollten Sie entweder deren Sinn hinterfragen oder Ihr Gegenüber mit eigenen Waffen schlagen. Beispielsweise könnten Sie argumentieren: »Sie wissen selbst, dass wissenschaftliche Studien so gut wie nie eine eindeutige und unwiderlegbare Antwort liefern. Was erwarten Sie also konkret davon?« Oder Sie können, wenn es um Phrasendrescherei geht, sagen: »Traue keiner Statistik, die man nicht selbst gefälscht hat. Das stammt von Winston Churchill. Sie sagten vorhin: ›Probieren geht über Studieren‹. Es heißt aber auch: ›Ein Produkt ist nichts wert, wenn man es umsonst erhält.‹« Und dann bieten Sie einen Gegenvorschlag an.

Verschleierungstaktik

Bei dieser Verhandlungstaktik versucht die Gegenseite, vom eigentlichen Thema abzulenken. Auf diese Weise sollen genügend Informationen und Argumente gesammelt werden, die anschließend gegen Sie verwendet werden. Beispielsweise könnte die gegnerische Partei ihren scheinbaren Fokus auf Liefer- und Versicherungsbedingungen der Ware lenken und dadurch neue Gegenargumente finden, um den Kaufpreis infrage zu stellen.

Oder sie lenken die Aufmerksamkeit auf einen Punkt, der ihnen scheinbar besonders viel bedeutet, obwohl er in Wahrheit unwichtig ist. Schließlich geben sie ihn auf und bekommen dafür die Zustimmung zu einem Vertragspunkt, der tatsächlich eine hohe

Bedeutung für sie besitzt. Anders ausgedrückt werfen sie eine Nebelbombe, um letztlich ihren eigentlichen Punkt zu bekommen.

Die Verschleierungstaktik ist keine völlig negative Verhandlungstaktik, die ich selbst immer wieder mal verwende. Sie zielt auf mögliche Schwächen ab, die im weiteren Verlauf zutage treten können. Seien Sie daher besonders achtsam, wenn der Verhandlungspartner damit beginnt, sich besonders intensiv mit augenscheinlich nebensächlichen Themen zu beschäftigen, oder wenn er sich betont ahnungslos oder naiv gibt.

Wie gehen Sie nun vor, wenn die Gegenseite diese Taktik anwendet? Grundsätzlich sollten Sie immer misstrauisch werden, wenn der Verhandlungspartner auf einem Vertragsaspekt ausdrücklich besteht. Prüfen Sie, welche Auswirkungen dieser Punkt für beide Seiten haben könnte. Stellen Sie Fragen wie: »Nehmen wir mal an, Sie verzichten trotzdem darauf. Was für Alternativen gäbe es dann für Sie?«, oder: »Wenn Sie auf diesen Punkt verzichten, was wäre dann Ihre Gegenforderung?« Dadurch lässt sich die Taktik des anderen oftmals entlarven. Sie können außerdem der Forderung unter Vorbehalt zustimmen und dann abwarten, wie sich die Gegenseite anschließend verhält – vor allem, wenn Sie Ihre Gegenforderung stellen. Meist rudert der Verhandlungspartner dann zurück und versucht, seinen tatsächlichen Vertragspunkt durchzusetzen.

Auch die Laientaktik zählt zu dieser Verhandlungsstrategie, und eine weitere Form besteht darin, sich betont naiv zu geben. Sollte die Gegenseite die Laientaktik anwenden, dann können Sie diese entlarven, indem Sie seine Kompetenz anzweifeln. »Sie sagten zu Beginn, dass Sie bereits seit 20 Jahren in diesem Bereich arbeiten. Ich denke, Sie kennen die Antwort auf Ihre Frage bereits, oder habe ich Sie an einer Stelle falsch verstanden?« könnte eine passende Reaktion darauf sein. Andere mögliche Formulierungen könnten lauten: »Welche Informationen brauchen Sie denn noch, um sich für dieses Produkt zu entscheiden?«, oder: »Soll ich Ihnen noch einmal erklären ...?«

Persönlicher Angriff, Kompetenz infrage stellen, diffamieren, beschuldigen

Eine extreme Form der Verhandlungstaktik ist der Angriff auf die Person selbst, statt sich auf sachliche Aspekte zu beschränken.

»Ich frage mich, was Ihr Unternehmen geritten hat, gerade Sie für diese Vertragsverhandlung abzustellen.«

»Sie haben nicht nur keine Ahnung, Sie kapieren es auch nicht, wenn man es Ihnen dreimal erklärt.«

»Sie lügen! Sie hatten vorhin ganz klar gesagt, dass ...«

Dabei handelt es sich nur um einige Beispiele für diese Verhandlungstaktik, die Bandbreite ist hier schier unerschöpflich. Ich empfehle Ihnen in derartigen Situationen, die Strategie offenzulegen und eine Entscheidungsfrage zu stellen, beispielsweise: »Für mich klingt es ganz danach, dass Sie mich persönlich angreifen, um mich unter Druck zu setzen. Sind Sie tatsächlich der Meinung, dass wir die Vertragsverhandlung auf diesem Niveau fortsetzen wollen? Ich sehe das anders, daher frage ich Sie nun ganz konkret, auf welcher Basis wollen wir die Verhandlung fortsetzen?«

Im Zweifel sollten Sie die Gesprächsrunde abbrechen. Diese Verhandlungstaktik muss nicht automatisch zum Abbruch der Vertragsverhandlung führen, doch eine kurze Pause empfiehlt sich, damit sich die Gemüter wieder abkühlen können. Im Extremfall müsste auch über einen Austausch des Verhandlungspartners nachgedacht werden.

Eine Variante davon sind die Angriffsfragen. Mit kurzen Zwischenfragen wird Ihr Redefluss gehemmt, um Sie dann in die Ecke zu drängen. Angriffsfragen werden auch eingesetzt, um Ihre Verhandlungsstrategie zu zerstören. Zum Beispiel: »Sind Sie davon tatsächlich überzeugt? Wenn nein, warum sprechen Sie dieses Thema dann an?«, oder: »Das sind doch unbedeutende Details, aus welchem Grund bauen Sie dieses Gespräch darauf auf?«

Als Gegenmaßnahme können Sie die Gegenseite ebenfalls verwirren und damit die Unsinnigkeit dieser Taktik aufzeigen: »Wie kommen Sie auf diese Feststellung/Frage?«

Ständig Vorwürfe erheben und einen gegensätzlichen Standpunkt einnehmen

Die Gegenseite überhäuft Sie immer wieder mit Vorwürfen oder stellt andauernd Warum-Fragen, obwohl Sie die Antworten bereits geliefert haben. Eine Variante davon ist das grundsätzliche Einnehmen eines gegensätzlichen Standpunktes.

Diese Taktik zielt mal wieder darauf ab, Sie aus dem Tritt zu bringen. Sprechen Sie auch hier an, welches Ziel mit dieser Vorgehensweise verfolgt wird. Insbesondere bei ständig gegensätzlichen Standpunkten können Sie auch mit Motivfragen zum Grund für dieses Verhalten gelangen. Es kann nämlich durchaus sein, dass doch noch Unklarheiten bestehen oder sich andere Probleme zwischen Ihnen und dem Verhandlungspartner befinden, die noch nicht identifiziert wurden. In diesem Fall wäre es dann keine Verhandlungstaktik, sondern der Versuch der anderen Seite, sich Klarheit zu verschaffen.

»Ich habe den Eindruck, wir beide sprechen von unterschiedlichen Dingen. Wenn das so ist, was könnte Ihrer Meinung nach der

Grund dafür sein?«, wäre eine mögliche Frage, die an dieser Stelle weiterhelfen kann.

Ständiges Unterbrechen

Werden Sie ständig beim Reden unterbrochen, dann kann es daran liegen, dass sich der andere entweder nicht lange auf etwas konzentrieren kann, oder er versucht, Sie mit dieser Taktik aus dem Konzept zu bringen.

Sprechen Sie diese Unterbrechungen an, und ersuchen Sie darum, zu Ende reden zu dürfen. Ich empfehle Ihnen, gleichzeitig kurze Sätze zu verwenden, also Schachtelsätze und längere Monologe zu vermeiden. Stellen Sie dazu am besten immer wieder Rückfragen, damit der andere auch zu Wort kommt. Hilft das alles trotzdem nicht, und Sie werden weiterhin pausenlos unterbrochen, dann sollten Sie die Zeit nutzen und sich Notizen machen, während der andere spricht.

Notfalls bleibt Ihnen nichts anderes übrig, als das Gespräch zu unterbrechen. Falls möglich, sollte dieser Gesprächspartner auf der Gegenseite durch jemand anderen ausgetauscht werden.

Sollten Sie permanent unterbrochen werden, dann sprechen Sie auch das am besten direkt an: »Den anderen ausreden zu lassen ist ein Zeichen von gegenseitiger Wertschätzung. Sie unterbrechen mich pausenlos. Das ist einfach nicht in Ordnung. Was hindert Sie daran, mich mal zu Ende ausreden zu lassen?«

Moralisieren und isolieren

Der scheinbare Moralapostel zielt darauf ab, den Wert des Vertragsgegenstandes herunterzuspielen. Dazu verwendet er scheinbare Aspekte, die unwiderlegbar sind.

Angenommen, Sie sind Autoverkäufer und wollen ein Auto verkaufen, dann könnte der Käufer argumentieren: »Sie können ja froh sein, einen Kunden wie mich zu finden, der heute noch einen SUV kaufen will. Der ökologische Abdruck bei diesem Fahrzeug ist ja – wie jeder inzwischen weiß – verheerend. In ein paar Jahren muss ich das Auto verschenken, wenn ich es loswerden will.«

In derartigen Situationen helfen Ihnen Fakten, um solcherart Einwände auszuräumen. Dazu ist eine gute Vorbereitung ausgesprochen hilfreich, um bei dieser Verhandlungstaktik passend zu argumentieren.

Häufig findet ein taktisches Moralisieren in Verbindung mit der Isolationstaktik statt. Dabei beschränkt sich der Verhandlungsgegner auf einen einzigen Faktor, den er unablässig immer wieder vorträgt und gegen jedes anderes Argument einsetzt. Er klammert sich daran und möchte nicht davon abrücken. »Ja, aber der Umweltschutz«, könnte ein solches Argument sein.

In diesem Fall fragen Sie, ob Sie in Ihrer Annahme richtig liegen, dass die Gegenseite mit allen anderen Punkten einverstanden ist und nur noch dieses eine Thema auf dem Tisch liegt. Damit schlagen Sie den Verhandlungspartner mit seinen eigenen Waffen, denn es bleibt ihm jetzt nichts anderes übrig, als Stellung zu beziehen. Entweder wenden Sie sich nun anderen Punkten zu, die es noch zu besprechen gilt, oder er beharrt auf seinem isolierten Argument. Jetzt können Sie beispielsweise eine alternative Lösung vorschlagen und ihm gleichzeitig die Konsequenz seiner Isolierungstechnik aufzeigen: »Gut, dann kommt ja ein klassischer SUV für Sie nicht in

Frage. Alternativ kann ich Ihnen einen SUV als Hybridlösung anbieten oder diesen tollen Mini, der ausschließlich mit Strom fährt.«

Weitere unfaire Verhandlungstaktiken

Nachfolgend möchte ich Ihnen eine Übersicht über weitere Taktiken und dialektischen Fallen vorstellen, die durchaus ebenfalls in Verhandlungen vorkommen können und zum Teil speziellere Formen der gerade vorgestellten Taktiken sind. (Ich erhebe jedoch keinen Anspruch auf Vollständigkeit, die aufgrund der Vielzahl an Möglichkeiten auch nicht möglich wäre.)

In der folgenden Auflistung wird die jeweilige dialektische Falle aufzeigt und woran man sie erkennt. Anschließend erfolgen Vorschläge zur Gegenwehr.

- **Hypothetische Fragen**
  Wenn auch hypothetische Fragen, wie weiter oben beschrieben, durchaus zur Lösungsfindung beitragen können, hat die Gegenseite doch auch das Potenzial, Sie zu verwirren und aus dem Konzept zu bringen. Beispielsweise mit der Frage: »Wie würden Sie reagieren, wenn ich Ihnen ein völlig anderes Angebot unterbreite?«
  Gegenmaßnahme: Antworten Sie mit einer Gegenfrage (»Wie kommen Sie jetzt auf diese Idee?«, »Wie würden Sie reagieren, wenn ich Ihnen ein völlig anderes Angebot/Produkt anböte?«), oder setzen Sie mit einer deutlichen Antwort ein Ausrufezeichen in der Verhandlung: »Dann würde ich diese Gesprächsrunde abbrechen und wohl alles neu bewerten müssen.«

- **Glaubwürdigkeitstaktik**
  Manchmal sind Argumente schwach, und man versucht, mit Allgemeinplätzen eine höhere Glaubwürdigkeit zu erzielen, bei-

spielsweise: »Die allgemeine Lebenserfahrung zeigt doch, dass die Lebenszeit von technischen Produkten immer kürzer wird.«
Gegenmaßnahme: den Spieß am besten umdrehen.
»Die allgemeine Lebenserfahrung sagt auch, dass man mit Pauschalierungen nicht weiterkommt. Haben Sie konkrete Beweise für Ihre Aussage?«

- **Inhaltsleere Floskeln verwenden**
In eine ähnliche Richtung geht auch die Taktik, statt belegbarer Argumente Floskeln zu verwenden, beispielsweise: »Qualität hat ihren Preis.«
Gegenmaßnahme: Durch Hinterfragen zu einer sachlichen Argumentation zurückkehren.
»Was genau macht den Preis jetzt aus? Können Sie das bitte spezifizieren?«

- **Emotionen missbrauchen**
Hier werden allgemeine emotionale Aspekte zum eigenen Vorteil genutzt.
»Wenn Sie als Hauptabnehmer auf diesem Preis bestehen, dann kostet das unser Unternehmen garantiert viele Arbeitsplätze, weil wir unseren Betrieb mit dieser geringen Marge nicht aufrechterhalten können.«
Gegenmaßnahme: Stellen Sie sich gegen die Taktik, damit Sie nicht in diese Falle laufen.
»Wir wissen, dass andere Unternehmen mit dieser Kalkulation durchaus erfolgreich am Markt agieren. Vermutlich gibt es Verbesserungsansätze in der Produktion, wodurch Sie sinnvolle Einsparungen vornehmen können, ohne gleich Arbeitsplätze zu gefährden.«

- **Erfahrung vortäuschen**
Argumente werden totgeschlagen mit einer scheinbar bewährten, anderen Vorgehensweise.

»Wir arbeiten seit vielen Jahren nach diesem Prinzip, und es hat sich bewährt.«

Gegenmaßnahme: Es ist besser, diese vorgeschobene Erfahrung in einen anderen Kontext zu setzen, statt sie schlechtzureden.

»Ein bewährtes Vorgehen ist vorteilhaft, keine Frage. Der Markt hat sich jedoch verändert, was halten Sie also von ...?«

- **Argumente verallgemeinern**

  Allgemeingültige Aussagen sollen den Eindruck erwecken, dass ein bestimmtes Argument nicht anfechtbar ist, beispielsweise: »Die Lieferkosten übernimmt immer der Käufer. Das ist überall so.«

  Gegenmaßnahme: Konkrete Gegenbeispiele liefern oder hinterfragen, was gegen einen konkreten Alternativvorschlag spricht, und diesen so lange hinterfragen, bis die Verallgemeinerung in sich zusammenbricht.

- **Argumente verdrehen**

  Ihre Aussagen werden so lange umgedeutet und verdreht, bis sie in einem anderen Kontext stehen. Damit sollen Ihre Argumente ad absurdum geführt werden.

  Gegenmaßnahme: Zeigen Sie der Gegenseite, dass sie diese Taktik erkannt haben (»Sie drehen mir die Worte im Mund herum.«) Bleiben Sie ruhig, und erläutern Sie immer wieder Ihre Argumente, bis die Gegenseite diese Taktik aufgibt.

- **Dauerreden führen**

  Durch endlose Monologe kommen Sie nicht mehr zu Wort, und es wird versucht, vom eigentlichen Thema abzulenken, sodass Sie eventuell sogar die Ihnen wichtigen Punkte vergessen. Außerdem dient diese Taktik dazu, Zeit zu schinden, dann wird Druck aufgebaut, um (kurz vor Ablauf der zur Verfügung stehenden Verhandlungszeit) zu einem Verhandlungsergebnis zu kommen.

Gegenmaßnahme: Stoppen Sie (freundlich) mit einer Geste oder verbal den Redefluss. Gegebenenfalls sollten Sie diese Gesprächstaktik entlarven. Lassen Sie sich keinesfalls unter Druck setzen, und brechen Sie die Gesprächsrunde ab, wenn es nicht anders möglich ist.

- **Scheinbar unterstützen**
Zu Beginn der Verhandlung werden Sie von der Gegenseite unterstützt, man lobt das Gemeinsame, doch plötzlich wendet sich das Blatt gegen Sie, und es findet ein Angriff statt. Diese Technik wird manchmal bei Preisverhandlungen eingesetzt, indem zu Beginn versichert wird, dass eine Zusammenarbeit in jedem Fall erfolgt. Kommt es zu den finanziellen Aspekten, wird das Preisangebot plötzlich als viel zu hoch angegriffen – obwohl die Konditionen den marktüblichen Rahmenbedingungen entsprechen.
Gegenmaßnahme: Zitieren Sie die anfängliche Unterstützungsbereitschaft, und erinnern Sie den Verhandlungspartner an den zunächst bekundeten gemeinsamen Willen. Im Rahmen einer Preisverhandlung sollten Sie unbedingt auf Ihre vorab definierten Untergrenzen achten und sich nicht von der scheinbar bereits beschlossenen Zusammenarbeit locken lassen. Diese wurde nämlich nur vorgeschoben, um den Preis zu drücken.

Abbruch von Vertragsverhandlungen

Trotz aller meiner Tipps und Tricks: Manchmal laufen Vertragsverhandlungen einfach nicht so, wie sie es sollten. Man verhandelt stunden- oder gar wochenlang, ohne zu einem Ergebnis zu kommen. Oder noch schlimmer, die Verhandlungen laufen für Sie in eine Richtung, die Sie niemals gewollt haben. Manchmal verpasst man in diesen Situationen einfach den Absprung, und es fällt schwer zu sagen: »Stopp! Ich steige aus der Verhandlung aus.«

Warum? Teilweise aus Scham, teilweise weil man schon so viel Zeit und vielleicht auch Geld in die Verhandlungen investiert hat. Jetzt aufhören? Dann muss man sich einen neuen potenziellen Vertragspartner suchen, und das Ganze fängt wieder von vorne an. Nicht jeder möchte das, und so wird dann am Ende eines langen Verhandlungsmarathons vielleicht doch einmal mehr »Ja« gesagt, was man später vielleicht bitter bereut.

Zuweilen setzt uns auch der Verhandlungspartner unter Druck und droht, uns mit Schadensersatzforderungen zu überziehen, wenn wir nun in diesem Stadium die Verhandlungen abbrechen. Auch das führt oftmals zu einem ungewollten »Ja«, über das man sich später vielleicht ärgert.

Wie ist es denn nun aber mit dem Abbruch von Vertragsverhandlungen? Darf man einfach so aussteigen, oder muss man finanziellen Schaden befürchten?

Was es rechtlich zu beachten gilt

Grundsätzlich gilt die Regel, dass Sie bis zum endgültigen Vertragsschluss jederzeit das Recht haben, die Vertragsverhandlungen abzubrechen. Schon der Hinweis auf ein besseres Angebot eines Konkurrenten genügt hier. Sie müssen aber streng genommen gar keinen Grund für den Abbruch angeben, das ist dann mehr eine Frage des Stils. Wenn Sie selber Zeit und Geld in die Verhandlungen gesteckt habe, bleiben Sie auf diesen Kosten sitzen.

Und der Verhandlungspartner? Kann er von Ihnen den Ersatz seines finanziellen Einsatzes verlangen? Auch hier wird man in der Regel keine Forderungen nach Schadensersatz stellen können, es sei denn, Sie haben besonderes Vertrauen auf einen Vertragsabschluss bei Ihrem Vertragspartner geweckt. Das kann zum Beispiel dadurch geschehen sein, dass Sie ihm in wochenlangen Verhandlungen einen Abschluss als absolut sicher dargestellt haben und Ihr Gegenüber bereits im Vertrauen darauf Investitionen getätigt hat. Beispielsweise locken Sie ein Unternehmen mit einem »todsicheren Vertragsabschluss«, und daraufhin kauft Ihr Verhandlungspartner bereits eine neue Maschine, ohne dass Sie ihn daran hindern oder darauf hinweisen, dass es vielleicht doch noch zum Abbruch der Verhandlungen kommen kann.

Wenn der Vertragsabschluss formbedürftig ist, Sie also beispielsweise noch zu einem Notar gehen müssen, um Eigentümer einer Immobilie zu werden, ist ein Abbrechen der Vertragsverhandlungen prinzipiell jederzeit möglich. Der Verhandlungspartner kann »bis die Tinte nicht getrocknet ist«, nicht darauf vertrauen, dass ein Vertrag abgeschlossen wird. Dies gilt aber, wie bereits formuliert, nur bei formbedürftigen Verträgen. Die meisten Verträge, die Sie im privaten und beruflichen Alltag abschließen, sind wohl gerade nicht formbedürftig und werden nur zu reinen Beweiszwecken schriftlich verfasst.

Der Vertragsabbruch lässt sich also in den meisten Fällen relativ einfach realisieren, und die Drohung mit Schadenersatzansprüchen ist nur selten realistisch. Nach meiner Erfahrung sollten Sie das tote Vertragspferd besser liegen lassen und rechtzeitig davon absteigen. Es ist normalerweise besser, sich einen neuen Vertragspartner zu suchen, als die eigene Unterschrift unter ein Vertragswerk zu setzen, bei dem Sie von Anfang an Magenschmerzen bekommen, wenn Sie nur daran denken.

KAPITEL 8

Vertragsinhalt und Grenzen der Vertragsgestaltung

Seit Beginn meiner Tätigkeit als Jurist gab es eine Sache, die bei meinen Mandanten oftmals eine besondere Form der Ehrfurcht und des Respekts auslöste. Es war die Ankündigung eines bevorstehenden – oder unterschriftsreifen – Vertrages. Einer meiner Klienten beschrieb es einmal so: »Wenn ich das Wort ›Vertrag‹ höre, dann denke ich an ein Schriftstück, das nur so vor juristischen Fallen und rhetorischen Tricks strotzt, und an das ich für immer und ewig gebunden bin, auf Gedeih und Verderben. Falls ich jemals eine winzige Kleinigkeit übersehen sollte, dann werde ich vertragsbrüchig, lande vor Gericht und man sperrt mich ins Gefängnis.«

Es handelte sich dabei nicht um einen kleinen Jungen, dem man ein Schauermärchen erzählt hatte und der mir von seinen Albträumen berichtete, sondern um einen gestandenen Geschäftsführer mittleren Alters.

Mit Vertragsmythen aufräumen

In Wahrheit ist ein Vertragswerk weit weniger mit Gefahren verbunden, als allgemein vermutet wird, und die größten Mythen möchte ich gleich einmal ausräumen und Ihnen die Angst nehmen. Sie werden erkennen, dass Sie der Gesetzgeber weitgehend vor Vertragsfallen schützt, und ich zeige Ihnen auf, worauf Sie unbedingt achten sollten.

Es gibt sie, die rhetorischen und juristischen Fallen und häufig schwer verständlichen Begriffe, deren Ausmaße auf den ersten Blick nicht zu erkennen sind. Das ist meist in komplexen Vertragswerken der Fall und wenn um hohe Vermögenswerte verhandelt wird, doch in diesem Falle empfehle ich ohnehin, sich juristischen Beistand zu holen. Bei einfachen Verträgen, beispielsweise dem Kaufvertrag für das neue Traumauto, ist der Verbraucher ohnehin vom Gesetzgeber geschützt, Vertrag hin oder her.

Sie sind in den seltensten Fällen einem Vertrag auf Gedeih und Verderb ausgeliefert, es sei denn, Sie verhandeln mit der Mafia. Ansonsten lassen sich die meisten Verträge nachverhandeln, und es gibt Ausstiegsklauseln, auch wenn diese nicht immer günstig sind und gegebenenfalls Schadensersatzforderungen zu erwarten sind.

Was bei Vertragsbruch passiert

Wenn einmal der Rahmen gesetzt ist, kommt vermutlich die entscheidende Frage: Was kann ich eigentlich verhandeln? Was ist rechtlich zulässig, und mache ich mich vielleicht sogar strafbar?

Grundsätzlich gilt, dass Verträge immer nach dem Zivilrecht abgeschlossen werden. Das bedeutet, sollte es zu Verstößen kommen, können Schadensersatzansprüche, Rücktrittsrechte und weitere Rechte geltend gemacht werden. Der Unterschied zwischen Zivilrecht und Strafrecht besteht darin, dass im ersten Fall Streitigkeiten zwischen Privatpersonen oder Unternehmen ausgefochten werden, und im zweiten Fall haben Sie die Gesellschaft und deren Werte verletzt und können deshalb dafür zur Rechenschaft gezogen werden. Sollten Sie also Vertragsbruch begehen und es kommt dabei zu einer juristischen Auseinandersetzung, dann kostet es Sie vielleicht Geld, doch im Gefängnis landen Sie deswegen nicht. Es sei denn natürlich, Sie haben wissentlich kaputte Geräte als Neuware verkauft – dann wäre es Betrug – oder Sie haben Hehlerware angeboten. In diesen Fällen begehen Sie gesetzwidrige Handlungen und landen – neben der zivilrechtlichen Auseinandersetzung mit Ihrem Vertragspartner – höchstwahrscheinlich vor einem Strafgericht.

Sie sehen also, der Schaden, den ein »falscher« Vertrag anrichten kann, wird in aller Regel ein finanzieller sein. Es stellt sich daher die Frage, ob die Angst vor Verträgen wirklich gerechtfertigt ist.

Vertragsfreiheit

Selbst gestandene Verhandlungsprofis, jene, die sämtliche Techniken und Tricks in Vertragsverhandlungen kennen, fühlen sich bei der rechtlichen Ausgestaltung eines Vertrages häufig unsicher, vor allem, wenn es um die Umsetzung der Verhandlungsergebnisse in einen verschrifteten Vertrag geht. Es ist gewissermaßen auch verständlich, da viele Verträge meist so aufgesetzt werden, dass sie möglichst lückenlos alle Vereinbarungen abbilden, und das führt manchmal zu ungelenken Formulierungen.

Vertragsinhalt und Grenzen der Vertragsgestaltung

Zunächst einmal sollten Sie wissen, dass es in Deutschland die sogenannte Vertragsfreiheit gibt. Das bedeutet, Sie können jede Art von Vertrag abschließen, hier existieren also keine Einschränkungen. Selbst wie Sie den Vertrag nennen, ist dem Gesetzgeber vollkommen egal. Das Gesetz spricht zwar beispielsweise vom Kaufvertrag oder Werkvertrag, doch gibt es aufgrund der Vertragsfreiheit unendlich viele Arten von Verträgen. Ob Sie es nun Vertrag, Vereinbarung oder Bulle nennen – falls Sie eine gewisse Affinität zum Mittelalter besitzen – bleibt Ihnen überlassen. Sagen wir, Sie vereinbaren mit Ihrem Nachbarn, dass er künftig mit Ihrer Dogge »Mini-Me« eine Spazierrunde dreht, wenn Sie unterwegs sind, und dafür zahlen Sie ihm einen bestimmten Geldbetrag. Dafür setzen Sie ein Schriftstück auf, in dem dieses Arrangement verbindlich festgehalten wird. Ob Sie es nun als »Vereinbarung« oder als »Mini-Me-Gassi-Vertrag« bezeichnen, bleibt völlig Ihnen überlassen. Die Bezeichnung verbessert oder reduziert keinesfalls die Wirksamkeit des Inhaltes. Am Ende kommt es nur darauf an, dass alles in einem Vertrag umgesetzt wird, was beide Parteien vorab vereinbart hatten.

Wenn es sich allerdings um einen eindeutigen Vertragstyp wie zum Beispiel einen Kaufvertrag handelt, dann sollte dieser auch so bezeichnet werden.

Ich empfehle Ihnen, sich nicht zu sehr an Formulierungen oder irgendwelchen Mustervorlagen zu klammern. Setzen Sie stattdessen alles in den Vertrag, was sie geregelt haben wollen, und benennen Sie ihn entsprechend. Im Zweifelsfall geben Sie diesem Schriftstück einfach den Namen »Vertrag« oder »Vereinbarung«.

Grenzen der Vertragsgestaltung

Grundsätzlich lässt sich also alles vereinbaren, sofern keine Gesetze gebrochen werden. Gleichzeitig existieren selbstverständlich gewisse Grenzen, die nicht überschritten werden dürfen. In erster Linie zählen dazu die guten Sitten.

Der Begriff »gute Sitten« ist im Gesetz nicht definiert und bereitet juristischen Laien mitunter Verständnisprobleme. Vereinfacht ausgedrückt hat die Rechtsprechung über viele Jahre hinweg festgelegt, dass ein Verstoß gegen die guten Sitten immer dann vorliegt, wenn das Anstandsgefühl aller billig und gerecht denkenden Menschen gestört ist. Billig und gerecht denkende Menschen? Darunter wird die Durchschnittsbevölkerung verstanden, und wenn etwas allgemein als fair und akzeptiert gilt (und es gebilligt wird), dann ist es billig und gerecht. Die Begrifflichkeit der guten Sitten wandelt sich jedoch über die Jahre hinweg. Etwas, das vor einigen Jahren noch als unsittlich betrachtet wurde, kann heute völlig normal sein. So waren beispielsweise bestimmte TV-Shows, die wir heute als vollkommen normal akzeptieren, noch zu Beginn unseres Jahrhunderts völlig undenkbar. Menschen etwa, die vollkommen nackt auf einer Karibikinsel umherlaufen und irgendwelche Aufgaben lösen. Unsere Werte wandeln sich, und das betrifft auch unser Verständnis für ein faires Miteinander bei der geschäftlichen Zusammenarbeit. So verstößt etwa eine Bäckerei heutzutage gegen die guten Sitten, wenn sie ihre Brötchen für 8 Euro das Stück verkauft, weil der Inhaber genau weiß, dass der nächste Laden 50 Kilometer entfernt ist und er somit diesen Vorteil ausnützt.

Sie können sich vermutlich auch vorstellen, dass es verboten ist, Drogen sowie Waffen zu verkaufen und die Schwiegermutter obendrein ebenfalls mitanzubieten. Wenn wir darüber nachdenken, was ein normaler, durchschnittlicher Mensch als richtig oder falsch empfindet, dann finden wir auch schnell heraus, welches Verhalten den guten Sitten entspricht und welches nicht.

Von diesen Extrempositionen einmal abgesehen, die sozusagen die Grenzen unseres freien Handelns bedeuten, sollten wir uns überlegen, was tatsächlich erlaubt ist. Der Gesetzgeber vertritt dabei die Meinung, dass nicht jeder Geschäftspartner gleich stark ist. Er geht dabei davon aus, dass eine Privatperson – auch »Verbraucher« genannt – grundsätzlich weniger Ahnung von wirtschaftlichen Zusammenhängen hat als ein Unternehmer. Dieses Ungleichgewicht versucht der Gesetzgeber auszugleichen, indem er Verbraucher gegenüber einem Unternehmer stärker schützt als beispielsweise die Zusammenarbeit zwischen zwei Unternehmen.

Am Beispiel der Gewährleistungsfrist lässt sich dieser Unterschied leicht erkennen. In Deutschland gilt in der Regel eine gesetzliche Frist von zwei Jahren. Verkaufen Sie eine Neuware an einen Verbraucher, dann dürfen Sie diese Gewährleistungsfrist in Ihrem Vertrag nicht unterschreiten. Falls Sie diese trotzdem heruntersetzen – sagen wir mal, auf sechs Monate – dann ist diese Regelung unwirksam. Dabei ist es völlig egal, ob diese Herabsetzung aus Unwissenheit oder aus purer Boshaftigkeit durchgeführt wurde. Wenn Sie jedoch als Unternehmen Neuware an ein anderes Unternehmen verkaufen, dann dürfen Sie sehr wohl die gesetzliche Gewährleistungsfrist unterschreiten. Der Grund dafür ist, dass der Gesetzgeber davon ausgeht, dass beide Unternehmer gleich stark sind, also über ein ausreichend kaufmännisches Wissen verfügen und somit die Folgen einer geringeren Frist abschätzen können.

Wie verhält es sich nun, wenn Sie als Unternehmer etwas für Ihren persönlichen und privaten Gebrauch einkaufen und nicht für Ihren Betrieb anschaffen? In diesem Fall handeln Sie als Verbraucher und werden von umfangreicheren Gesetzen geschützt. Der gesetzliche Schutz hängt also immer davon ab, für welche Zwecke Sie etwas anschaffen. Man könnte also durchaus geneigt sein festzustellen, dass der Verbraucher vom Gesetzgeber als schutzwürdiges, hilfloses Wesen – gleichzusetzen einem Kleinkind – angesehen wird. Den vermeintlich Schwächeren gilt es also zu beschützen, so wie es sich gehört. Auf der anderen Seite bedeutet das auch, dass auf Seiten des Unternehmers, der für gewöhnlich mit anderen Unternehmen Geschäfte betreibt, alle Alarmglocken losgehen sollten, wenn irgendwo im Vertragskontext das Wort »Verbraucher« auftaucht. In diesem Fall bedeutet es nämlich, dass der Vertragspartner – der Verbraucher – besonders schutzwürdig ist und meist verschärfte gesetzliche Regelungen gelten, die zwischen Unternehmen keine Anwendung finden.

Vorsicht bei Musterverträgen

Bei Vertragsverhandlungen stellt sich häufig die Frage, ob man den Vertrag völlig frei gestalten möchte, also auf dem sprichwörtlich weißen Blatt Papier, oder ob man Muster, die aus dem Internet oder aus Musterbüchern kopiert werden können, verwendet. Beides ist möglich, doch ich warne grundsätzlich vor Musterverträgen, denn diese werden für eine Vielzahl von Fällen verfasst und decken vermutlich nicht gerade Ihren speziellen Fall ab. Sie sollten daher stets überlegen, ob der Vertrag, den Ihnen der Vertragspartner vorlegt oder den sie sich selbst als Mustervorlage aus dem Internet ausgedruckt haben, auch tatsächlich dem entspricht, was sie wollen. Möglicherweise befinden sich nämlich in diesem Mustervertrag Klauseln, die in Ihrem speziellen Fall überhaupt keine Anwendung finden oder – noch schlimmer – die für Sie sogar nachteilig sein können. Oder es fehlen bestimmte Vertragspunkte, die für beide Parteien von hoher Bedeutung sind.

In diesem Fall, wenn also Informationen und Regelungen fehlen, müssen diese zwingend in den Vertrag hineingeschrieben werden. Dann wird der Mustervertrag abgeändert, an der einen Stelle et-

Vertragsinhalt und Grenzen der Vertragsgestaltung

was hinzugefügt, an der anderen Stelle ein Passus gelöscht; letzten Endes kommt ein Flickenteppich heraus, der mitunter für Verwirrung auf beiden Seiten sorgt, wenn er sprachlich nicht konsequent formuliert wird, etwa dann, wenn beispielsweise eine neue Klausel die Dinge nicht so benennt, wie im Mustervertrag formuliert wurde. Und: Im schlechtesten Fall fehlt dann eine Vereinbarung im Vertrag. Selbst wenn Sie diese mit der anderen Vertragsseite mündlich vereinbart hatten, können Sie eine derartige Abmachung in den Wind schreiben – oder vor Gericht nicht beweisen –, falls davon im Vertrag keine Rede mehr ist.

Ein Beispiel: Sie kaufen ein Auto, und der Verkäufer legt Ihnen einen Kaufvertrag vor. Darin steht der Kaufpreis, beispielsweise 30.000 Euro, und zusätzlich wird eine Überführungsgebühr in Höhe von 1000 Euro fällig, damit das gute Stück vom Hauptlager des Fahrzeugherstellers zum Autohändler verfrachtet wird. Sie ärgern sich natürlich über diese versteckten Kosten und verhandeln mit dem Autoverkäufer diese Mehrkosten weg. Nach einigen zähen Verhandlungsminuten und Standhaftigkeit Ihrerseits einigen sich dann doch beide Seiten auf einen Betrag von 30.000 Euro inklusive der Überführungsgebühr. Trotzdem bleibt der Passus »zuzüglich Überführungsgebühr« im Vertrag stehen. Der Verkäufer erzählt Ihnen etwas von Ehre und Respekt und dass es sich dabei um eine Tugend innerhalb seiner Familie handelt, die bereits seit mindestens 100 Generation so gelebt wird und dass ein Handschlag ohnehin über jedes Schriftstück erhaben ist. Schließlich bekommen Sie endlich Ihr Traumauto und damit auch die Rechnung. Jetzt sehen Sie auch den fälligen Betrag, nämlich 31.000 Euro. Der Verkäufer ist an diesem Tag zufällig nicht im Hause – vermutlich weilt er bei seiner ruhmreichen Familie –, weshalb Ihnen niemand den über jeden Vertrag erhabenen Handschlag bestätigen kann. Sie bleiben auf diesem Betrag sitzen, weil er vertraglich vereinbart wurde.

Es gilt im Zweifel immer nur das schriftlich erfasste und unterzeichnete Vertragswerk. Wenn etwas geändert werden soll, dann genügt es übrigens auch, den entsprechenden Teil zu streichen oder einen Hinweis aufzunehmen, beispielsweise das Wort »entfällt«.

Ein Hinweis zu mündlichen Verträgen: Mit Ausnahme derjenigen Fälle, in denen das Gesetz die Schriftform fordert – wie es beispielsweise bei einem Grundstückskaufvertrag der Fall ist – sind mündliche Verträge wirksam. Wenn es jedoch zum Streitfall kommt, bleibt es Ihnen nicht erspart, einen Beweis zu erbringen, der eine mündliche Vereinbarung bestätigt. Derartige Fälle sorgen immer für eine langwierige Auseinandersetzung, da meist Aussage gegen Aussage steht. Ich empfehle Ihnen daher, immer ein Schriftstück aufzusetzen, das eine getroffene Vereinbarung eindeutig festhält.

Bei Musterverträgen kann es außerdem zusätzlich noch vorkommen, dass darin enthaltene Angaben zu bestimmten Gesetzen bereits veraltet sind. Gesetzesänderungen finden häufiger statt, als der juristische Laie vielleicht ahnt, und nicht jeder Mustervertrag aus dem Internet wird automatisch sofort aktualisiert. So etwas kann sich durchaus nachteilig für Sie auswirken.

Den Vertrag selbst verfassen

Wenn Musterverträge oder andere Vorstücke nur mit einer gewissen Vorsicht zu genießen sind, bleibt Ihnen manchmal nichts anderes übrig, als den Vertrag selbst aufzusetzen.

Vermutlich schaudert Ihnen bereits beim Gedanken daran, denn schließlich haben Sie weder Jura studiert, noch fühlen Sie sich wie ein ausgebuffter Vertragsexperte. Hinzu kommt, dass Sie sich eventuell überhaupt nicht imstande fühlen, die blumige und ausgefuchste Sprache der Vertragsanwälte umzusetzen. Jene Sprache, die häufig in Verträgen auftaucht und die mitunter an die Lyrik eines Minnesängers aus dem Mittelalter erinnert, jedoch mit einem durchaus ernsten Anstrich.

Das alles ist auch bei einfachen Vertragssituationen nicht nötig. Wenn Sie etwas kaufen oder verkaufen, wenn Sie eine Vereinbarung mit jemanden treffen wollen – beispielsweise mit der Dogge Mini-Me Gassi zu gehen, um im Gegenzug einen bestimmten Geldbetrag dafür zu erhalten –, dann genügt ein einfach gestalteter Vertrag, um die Rechte und Pflichten beider Vertragsparteien zu erfassen. Für umfangreiche und komplexe Vertragssituationen empfehle ich Ihnen natürlich, einen entsprechenden Fachanwalt damit zu beauftragen, Sie in dieser Sache zu unterstützen.

Grundsätzlich sind Verträge jedoch dafür geschrieben, dass sie von ganz normalen Menschen gelebt und auch so verstanden werden. Das bedeutet, das Vertragswerk muss nicht einem Anwalt gefallen, sondern für Sie und die andere Seite verständlich sein. Mit anderen Worten: Der Vertrag muss so formuliert werden, dass Sie und Ihr Vertragspartner ihn, notfalls auch nach vielen Jahren noch, verstehen. Schreiben Sie ihn daher so, wie Sie sich eine Regelung überlegen. Am Ende ist es Ihr Vertrag!

Dazu gibt es aber eine einzige Ausnahme: Wenn das Gesetz selbst bestimmte Begriffe verwendet – beispielsweise »Käufer« oder »Verkäufer« –, dann sollten Sie nur aus wirklich guten Gründen davon abweichen. Etwa, wenn Sie eine persönlichere Form der Anrede nutzen möchten und lieber den Namen des Vertragspartners verwenden wollen, statt einer nüchternen Standardformulierung (also »Herr Meier« statt »Käufer«).

Andersherum formuliert sollten Sie nur das unterschreiben, was Sie tatsächlich verstanden haben, und im Zweifel immer unverständliche Klauseln hinterfragen, denn Unwissenheit schützt nicht vor gewissen Auflagen im Vertrag! Falls Ihnen einzelne Teile des

Vertrages trotz mehrmaligem Nachfragen noch immer unklar sein sollten, dann empfehle ich Ihnen, sich externen Rat einzuholen.

Wie also formulieren? Ein Jurist würde beispielsweise formulieren: »Der Leistungsort ist der Sitz des Käufers.« Für einen juristischen Laien klingt diese Formulierung möglicherweise unverständlich. Es genügt daher auch vollkommen, wenn Sie stattdessen schreiben: »Die Ware wird zur Siemensstraße 200 in 12345 Berlin geliefert. Bis dahin ist der Verkäufer dafür verantwortlich, dass die Ware ohne Mängel beim Käufer ankommt.« Vielleicht klingt es nicht so dramatisch und geschliffen, doch inhaltlich bleibt die Aussage genau gleich und ist damit gleichermaßen korrekt.

Sätze in Verträgen müssen auch nicht zwingend aus sieben Schachtelsätzen bestehen, damit sie wirksam sind. Ein einfacher und damit auch ein leicht verständlicher Satzaufbau ist meistens ausreichend.

Oftmals sind sich die Verhandlungsparteien nicht sicher, ob gewisse Regelungen überhaupt im Vertrag erfasst werden müssen oder ob sie bereits im Gesetz geregelt sind. Falls Sie sich in einer ähnlichen Situation befinden, können Sie auch pauschal auf das Gesetz verweisen. Deshalb steht am Ende eines Vertrages auch immer: »Es gilt deutsches Recht.«

Sollten Sie jedoch das deutsche Recht überhaupt nicht kennen – und das mache ich Ihnen keinesfalls zum Vorwurf –, dann ist es schwierig zu wissen, was das Gesetz sagt. Ein Beispiel: Sie kaufen eine neue Uhr und möchten gerne wissen, wie lange die Gewährleistung auf diese Uhr besteht. Das Gesetz definiert in diesem Fall eine zweijährige Gewährleistungspflicht. Treffen Sie mit dem Verkäufer keine eigene Regelung, dann greift das »gesetzlich Gewollte«, wie es Juristen bevorzugt ausdrücken. Wenn diese Frist verlängert werden soll, angenommen auf fünf Jahre, dann muss das vertraglich festgehalten werden. Sollte der Verkäufer Ihnen le-

Vertragsinhalt und Grenzen der Vertragsgestaltung

diglich sechs Monate anbieten, dann steht das vielleicht exakt so im Vertrag, doch diese Einschränkung verstößt gegen das Gesetz, das eben bei Verbrauchern keine Unterschreitung der gesetzlichen Fristen erlaubt. Das Gesetz würde Sie (als Verbraucher) daher in diesem Fall schützen, und im Zweifel würde die gesetzliche Regelung von zwei Jahren gelten.

Um ganz auf Nummer sicher zu gehen, sollten Sie am Ende des Vertrages eine sogenannte »salvatorische Klausel«* aufnehmen. Diese könnte zum Beispiel wie folgt lauten:

»Sollten einzelne Bestimmungen dieses Vertrages unwirksam oder undurchführbar sein oder nach Vertragsschluss unwirksam oder undurchführbar werden, bleibt davon die Wirksamkeit des Vertrages im Übrigen unberührt. An die Stelle der unwirksamen oder undurchführbaren Bestimmung soll diejenige wirksame und durchführbare Regelung treten, deren Wirkungen der wirtschaftlichen Zielsetzung am nächsten kommen, die die Vertragsparteien mit der unwirksamen bzw. undurchführbaren Bestimmung verfolgt haben. Die vorstehenden Bestimmungen gelten entsprechend für den Fall, dass sich der Vertrag als lückenhaft erweist.«[17]

Klingt jetzt auch wieder kompliziert? Die Aussage, die sich hinter diesem Text verbirgt, lautet in einfachen Worten: »Wenn eine Regelung im Vertrag mit dem Gesetz nicht in Einklang steht, dann ist nicht der ganze Vertrag unwirksam, sondern an die Stelle der unwirksamen Regelung tritt eine Regelung, die dem Willen der beiden Vertragspartner am nächsten kommt.«

Also, eigentlich doch ganz einfach. Wenn Sie also selbst etwas formuliert haben, was gegen den Wortlaut des Gesetzes geht, bleibt der Rest des Vertrages noch bestehen, und man versucht, den Vertrag zu retten. Mit diesem »Rettungsanker« können Sie das ge-

---

* Siehe dazu Kapitel 10.

samte Vertragswerk relativ entspannt formulieren, ohne dabei das Risiko einzugehen, dass womöglich ein einziges – falsch formuliertes – Wort den gesamten Vertrag unwirksam werden lässt.

Formulieren Sie daher alles so, wie Sie es geregelt haben wollen, und bauen Sie darauf das Vertragswerk auf. Es soll einfach und verständlich gehalten werden, und wenn Sie nach einigen Jahren erneut diesen Vertrag durchlesen und ihn noch immer verstehen, dann haben Sie alles richtig gemacht.

Bevor Sie den Vertrag aufsetzen, sollten Sie folgende Checkliste – idealerweise schriftlich – durchgearbeitet haben.

Checkliste zum Verfassen eines Vertrages:

- Haben Sie ein Brainstorming durchgeführt und sich überlegt, welche Punkte Sie regeln wollen?
- Haben Sie sich Gedanken gemacht, was im Laufe der Vertragsbeziehung alles »schiefgehen« kann und wie hierzu die Lösung aussehen soll?
- Wurde der Vertrag eindeutig formuliert?
- Wurden Begriffe durchgehend gleich verwendet?
- Verstehen Sie selber noch die Formulierungen, die Sie selbst verwendet haben beziehungsweise die Ihnen der Vertragspartner zugesendet hat?
- Haben Sie gedanklich jeden Vertragspartner »einmal sterben lassen« und eine Regelung gefunden, wie damit umgegangen werden soll?
- Wurde die Kündigung der vertraglichen Beziehung im Vertrag ausreichend geregelt?

Es gibt selbstverständlich noch einige weitere Aspekte, die es bei der Vertragsgestaltung zu berücksichtigen gilt. Wenn Sie sich darüber genauer und umfangreicher informieren wollen, dann empfehle ich Ihnen mein Buch *Verträge verstehen für Nicht-Juristen*.[18] Darin erfahren Sie mehr Details zur Vertragsgestaltung mit Formulierungsbeispielen und worauf Sie insbesondere achten sollten.

Ein Beispiel für einen Rohentwurf

»Wie kann ein Vertrag ganz allgemein aufgesetzt werden?« So lautet eine Frage, die ich von juristischen Laien häufig gestellt bekomme. Zum Abschluss dieses Kapitels erhalten Sie an dieser Stelle einen Rohentwurf, der als Muster für sehr viele Vertragsarten angewendet werden kann.

Sie können natürlich die Gliederung anders aufbauen (also beispielsweise eine weitere Gliederungsebene einziehen oder komplett auf eine zweite Ebene verzichten). Die aufgezeigte Reihenfolge sollte aber nur aus gutem Grund geändert werden und Ihnen als Leitfaden durch den Vertrag dienen.

Vertrag

Vertragspartei A					Vertragspartei B

_____					_____

Wurden die Vertragsparteien im Vertrag richtig bezeichnet (Name, Firmenbezeichnung, Anschrift, HR-Nummer)?

Präambel

Ist eine Präambel sinnvoll, um den Vertrag einzuleiten, quasi um seine Vorgeschichte und seine Zielrichtung zu erläutern?

§ 1   Vertragsgegenstand/Leistungspflichten

§ 1.1   Hauptleistungspflicht

Ist die Hauptleistungspflicht genau bezeichnet?

§ 1.2   Lieferbedingungen/Lieferzeiten

Bei Kauf: Wie sehen die Lieferbedingungen aus? Wer zahlt den Transport und wer trägt das Risiko des Untergangs? Sind Lieferzeiten zu vereinbaren?

§ 1.3   Leistungsort

Wo ist der Leistungsort, das heißt, wohin soll die Ware geliefert, wo die Leistung erbracht werden?

§ 1.4   Nebenpflichten

Gibt es neben der Hauptleistungspflicht noch weitere Nebenpflichten? Beispielsweise bezeichnet die Hauptleistungspflicht die Lieferung und Übereignung einer komplizierten Maschine, während die Nebenpflicht die Einführung in die technische Handhabung durch den Verkäufer darstellt.

1

§ 2 Gegenleistung

§ 2.1 Beschreibung der Gegenleistung

Wurde die Gegenleistung (in der Regel der Preis für die Ware/das Werk/die Dienstleistung etc.) genau bezeichnet?

§ 2.2 Kostenkomponenten

Wurden alle Kostenkomponenten angegeben?

§ 2.3 Zahlungsbedingungen

Wurden die Zahlungsbedingungen formuliert?

§ 3 Leistungsstörungen

§ 3.1 Maßnahmen bei Leistungsstörung

Was soll passieren, wenn die geschuldete Leistung nicht wie vertraglich vereinbart erbracht wird? Soll es eine Möglichkeit zur Nachbesserung geben? Minderung der Gegenleistung etc.?

§ 3.2 Maßnahmen bei Nichterbringung der Gegenleistung

Was soll passieren, wenn die Gegenleistung nicht erbracht wird?

§ 4 Kündigungsfristen

§ 4.1 Befristung oder Verlängerung mit Festlegung der Kündigungsfrist

Soll der Vertrag nach einer gewissen Zeit auslaufen und soll es zu seiner Verlängerung einer vorherigen Nachricht durch eine der Parteien bedürfen oder soll sich der Vertrag nach einer gewissen Zeit stillschweigend – beispielsweise um ein Jahr – verlängern?

Wurde die Länge der Kündigungsfristen mit Ihren betriebswirtschaftlichen Abläufen abgestimmt?

§ 4.2 Gründe für eine außerordentliche Kündigung

Macht es Sinn, außerordentliche Kündigungsgründe hier aufzuführen?

2

§ 5   Sonstiges

§ 5.1   Hinweis auf allgemeine Geschäftsbedingungen

Haben Sie AGBs und sollen diese in den Vertrag einbezogen werden?

§ 5.2   Salvatorische Klausel

Wurde eine salvatorische Klausel eingefügt?

§ 5.3   Schriftformklausel

Wurde eine Schriftformklausel erstellt?

§ 5.4   Geltendes Recht und Gerichtsstand

Welches Recht soll für den Vertrag Anwendung finden? Welcher Gerichtsstand soll vereinbart werden?

Anlagen

Gibt es Anlagen (technische Beschreibungen, Ihre AGBs, Zahlungspläne etc.)? Dann diese durchnummerieren und hier aufführen.

Partei A   Partei B

_____   _____

Datum/Unterschrift   Datum/Unterschrift

3

KAPITEL 9

Die Tücken der Allgemeinen Geschäftsbedingungen

Nicht immer kann man Verträge frei verhandeln, sondern Sie bekommen von Ihrem Vertragspartner AGB vorgelegt. Bei den AGB handelt es sich um ein erfrischend umfassendes Feld in der Vertragsgestaltung, das immer wieder zu Unsicherheiten und Verwirrungen führt. Für viele Menschen wirken sie wie ein Spielfeld, dessen Nutzung an unzählige Regeln gekoppelt ist, die niemand so wirklich durchblickt. Im allgemeinen Verständnis handelt es sich bei den AGB um meist eng bedruckte Seiten mit winzigen Buchstaben und manchmal in einer verblasst wirkenden Schriftart, die an die Hinterlassenschaft der Urgroßeltern erinnert. So gut wie niemand liest sie, viele nicken sie einfach ab und nehmen sie ungefragt zur Kenntnis. Was sich dahinter jedoch verbirgt und worauf Sie unbedingt achten sollten, erfahren Sie in diesem Kapitel.

Was sind eigentlich Allgemeine Geschäftsbedingungen?

Allgemeine Geschäftsbedingungen sind vorformulierte Vertragsbedingungen, die von der Gegenseite (das Gesetz nennt diese Person den »Verwender«) mit der Absicht eingesetzt werden, sie mehrmals zu benutzen. Es sind sozusagen Regeln des geschäftlichen Miteinanders, die bei einer Vielzahl von Kunden und Geschäftsvorgängen angewendet werden. Das Bürgerliche Gesetzbuch (BGB) gibt dabei Spielregeln für AGB in den Paragraphen 305 bis 310 vor.

Vorab ein ganz wichtiger Hinweis: AGB sind nicht nur die Ihnen vielleicht bekannten eng bedruckten Seiten in 7-Punkt-Schriftgröße. Jeder Vertrag, der – wie gerade geschrieben – in der Absicht benutzt wird, ihn mehrmals zu verwenden (also auch der Vertrag in 12-Punkt-Schriftgröße) kann als AGB gewertet werden. Es muss nicht einmal »Allgemeine Geschäftsbedingungen« über diesem Vertragswerk stehen.

Sind AGB verhandelbar?

Warum erzähle ich Ihnen noch etwas über AGB, wenn sie doch »ohnehin da« sind? Eine weit verbreitete Meinung lautet, dass Allgemeine Geschäftsbedingungen grundsätzlich unantastbar sind. Viele Menschen gehen davon aus, dass wir die uns vorgelegten AGB entweder zu akzeptieren haben oder – falls Uneinigkeit darüber herrscht – die Geschäftsbeziehung an dieser Stelle augenblicklich endet.

Sind AGB also verhandelbar? Die möglicherweise erstaunliche Antwort lautet: Ja, selbstverständlich sind sie das!

Allgemeine Geschäftsbedingungen sind nicht in Stein gemeißelt, besitzen keinen Gesetzescharakter, sondern können jederzeit von den Parteien verändert werden. Vielleicht erinnern Sie sich noch an die Privatautonomie bei Verträgen. Wir können ein Vertragswerk grundsätzlich frei gestalten, sofern damit keine gesetzlichen Regelungen ausgehebelt werden. So etwas funktioniert ohnehin nicht, denn jegliche Vereinbarungen, die einer gesetzlichen Regelung widersprechen, werden automatisch unwirksam. Sie können daher als Verbraucher sowie als Unternehmen Passagen aus den Ihnen vorgelegten AGB entfernen oder abändern lassen, sofern natürlich der Vertragspartner mitspielt und diese Änderungen akzeptiert. Änderungen, wie beispielsweise eine Erhöhung der Gewährleistungszeit von zwei auf drei Jahre, werden dann in den Vertrag aufgenommen und sind eben nicht mehr Teil der AGB.

Änderungen werden einfach in den vorgedruckten AGB gestrichen oder in den Vertrag der Hinweis aufgenommen: »*Es gelten unsere AGB mit Ausnahme der Ziffer [x], die wie folgt lautet ...*« Bei Streichungen einzelner AGB sollten Sie an der entsprechenden Stelle eine Paraphe setzen, das heißt Ihr individuelles Kürzel, um zu zeigen, dass Sie – aber auch Ihr Vertragspartner – die Änderung gesehen und gebilligt haben.

In der Praxis sind derartige Änderungen von AGB bei Verhandlungen zwischen Unternehmen durchaus realistisch. Hier kann es sogar vorkommen, dass das eine Unternehmen per se nur die eigenen AGB akzeptiert und diejenigen seines Vertragspartners zurückweist.

Wenn beide Unternehmen dem jeweils anderen Partner ihre AGB präsentieren und die AGB sich an einzelnen Stellen widersprechen (zum Beispiel die AGB des Verkäufers fordern Gefahrübergang ab

Sitz des Verkäufers, diejenigen des Käufers ab Sitz des Käufers), so gilt dann wiederum das gesetzlich Geregelte. Also auch hier zeigt sich, dass man keine zu große Ehrfurcht vor AGB haben muss. Die Regelung fällt notfalls auf das gesetzlich Festgelegte zurück.

Als Verbraucher sieht es mit Ihrer Verhandlungsmacht wohl etwas anders aus: Wenn Sie beispielsweise bei einem der riesigen Mobilfunkanbieter einen neuen Vertrag für Ihr Smartphone abschließen und Sie wollen eine Stelle in den AGB abändern lassen, dann wird dieser Konzern höchstwahrscheinlich nicht mitspielen und lieber das Risiko eingehen, Sie als Kunde zu verlieren. Bei großen Unternehmen zieht eine Änderung der Allgemeinen Geschäftsbedingungen normalerweise einen hohen juristischen Aufwand nach sich, der sich für eine Einzelfallentscheidung nicht lohnt. Es müssen also beide Seiten gewillt sein, die Änderung vorzunehmen.

Sind »falsche« AGB wirklich so gefährlich?

Der wohl wichtigste Satz im Zusammenhang mit Allgemeinen Geschäftsbedingungen lautet: »Im Zweifel immer gegen den Verwender.«

Übersetzt bedeutet diese Aussage, dass derjenige, der die AGB verfasst hat, bei Streitigkeiten den Kürzeren zieht. Insofern können Sie relativ entspannt bleiben, wenn Ihnen AGB als Verbraucher vorgelegt werden, denn das Gesetz schützt Sie dabei sehr weitreichend. Es schützt Sie sogar noch weiter als in einem individuell zwischen zwei Parteien vereinbarten Vertrag. Akzeptieren Sie hingegen die AGB als Unternehmer, ist der Schutz des Gesetzes deutlich weniger ausgeprägt. Der Gesetzgeber geht hier mal wieder davon aus, dass der Verbraucher besonders schutzwürdig ist, nicht aber der Unternehmer.

Und der Verwender der AGB? Muss er jetzt vor Angst gelähmt sein, und sollte er gar keine AGB mehr verwenden? Sicher besteht immer die Gefahr, wegen »falscher« AGB abgemahnt zu werden. Davon aber einmal abgesehen würde der Vertrag nicht sofort wegen einer unwirksamen Klausel in sich zusammenfallen, sondern auch dann gilt – wir hören das nicht zum ersten Mal – wieder das im Gesetz Geregelte.

AGB gegenüber Unternehmern

Verwendet ein Unternehmer AGB im Geschäftsverkehr, können in diesen AGB sehr weitreichende Regelungen getroffen werden. Es greift nur eine Art Generalklausel in Form des § 307 BGB ein, die gewissermaßen das Schlimmste verhindert. Diese Norm besagt, dass Bestimmungen in Allgemeinen Geschäftsbedingungen unwirksam sind, wenn sie den Vertragspartner des Verwenders entgegen den Geboten von Treu und Glauben unangemessen benachteiligen. Eine unangemessene Benachteiligung kann sich zum Beispiel laut Gesetz auch daraus ergeben, dass die Bestimmung nicht klar und verständlich ist, und ist im Zweifel immer dann anzunehmen, wenn (Zitat des Gesetzes) »eine Bestimmung

1. mit wesentlichen Grundgedanken der gesetzlichen Regelung, von der abgewichen wird, nicht zu vereinbaren ist oder

2. wesentliche Rechte oder Pflichten, die sich aus der Natur des Vertrags ergeben, so einschränkt, dass die Erreichung des Vertragszwecks gefährdet ist.«[19]

Sehr schwammig vom Gesetzgeber formuliert, nicht wahr? Das ist aber auch gut so, denn nur so können eine Vielzahl von praktischen Anwendungsfällen anhand dieser Regelung geprüft und bewertet werden. Am Ende wird dann immer ein Richter entscheiden müssen, ob die fraglichen AGB dem Werturteil des § 307 BGB standhält oder nicht. Aber auch dann gilt: Nicht die gesamten AGB fallen in sich zusammen, sondern nur diejenige Klausel, die mit dem Gesetz nicht vereinbar ist. Es gilt dann wieder das vom Gesetz Gewollte.

AGB gegenüber Verbrauchern

Wenn Ihr Kunde ein Verbraucher ist, müssen zusätzlich noch die §§ 308 und 309 BGB eingehalten werden. Lesen Sie sich diese einmal spaßeshalber durch. Sie werden feststellen, nicht alles ist da für den Laien automatisch verständlich. Viele dort aufgeführten Regelungen sind abstrakt, da auch sie eine Vielzahl von Lebenssachverhalten erfassen sollen. Folglich gibt es auch eine für den Normalverbraucher fast unüberblickbare Fülle von Urteilen zu einzelnen AGB-Klauseln. Und es werden täglich mehr!

Für juristische Laien ist es so gut wie unmöglich, die passenden Urteile herauszufiltern, die für den Einzelfall relevant sind oder nicht. Um sich also bei der Erstellung der AGB abzusichern, sollten sie unbedingt einen darin erfahrenen Juristen aufsuchen.

Ein paar Tipps für Ihre AGB

Auch wenn die Vielzahl von Klauseln erschlagend wirkt, möchte ich doch eine – zugegebenermaßen subjektive – Auswahl von Klauseln hier einmal aufführen, die besonders »fehleranfällig« sind und häufig verwendet werden.

- **Anpassung des Kaufpreises**
  Manchmal versuchen Verkäufer, in ihren AGB einseitig für sich das Recht zur Preiserhöhung zu regeln. Eine Preiserhöhung ist

nur dann erlaubt, wenn zwischen Abschluss des Vertrages und der Erbringung der vertraglich geschuldeten Leistung mehr als vier Monate liegen oder die Preiserhöhung im Rahmen eines Vertrages mit immer wiederkehrenden Leistungen (zum Beispiel wöchentliche Reinigung der Wohnung) erfolgt.

- **Gerichtsstand**
Kommt es zu einem Rechtsstreit, dann stellt sich sehr schnell die Frage, welches Gericht dafür zuständig ist. In den AGB findet sich häufig auch hierzu eine Regelung, die gerne den Verwender begünstigt. Aber: Bei Verbrauchern gilt grundsätzlich – nach der Zivilprozessordnung –, dass diese nur an ihrem Wohnsitz verklagt werden können.
Im geschäftlichen Miteinander zwischen zwei Unternehmen gelten grundsätzlich flexiblere Möglichkeiten, und hier kann man in den AGB angeben, dass das Gericht am Sitz des Anbieters zuständig ist, der Kunde daher auch dort verklagt werden kann.

- **Gewährleistungsfrist, Verkürzung**
Wenn Sie eine Ware verkaufen und in den AGB regeln, dass für den Kunden lediglich eine Gewährleistungsfrist von sechs Monaten gilt, sagt das Gesetz, dass es sich dabei um eine unwirksame Regelung handelt. Schließlich liegt die gesetzliche Gewährleistungspflicht bei Kaufverträgen bei aktuell zwei Jahren. Ein Verbraucher wäre also ohnehin in dieser Sache geschützt, doch bei Geschäften zwischen zwei Unternehmen kann es dabei durchaus relevant werden, ob eine kürzere Gewährleistungspflicht in den AGB angegeben wurde oder nicht, wie aus diesem Beispiel hervorgeht.

- **Haftungsbeschränkungen**
Neben der bereits erwähnten Gewährleistung ist auch der Schutz vor Haftungsrisiken in den AGB durchaus ein sensibles Unterfangen. Grundsätzlich sind derartige AGB-Klauseln sinnvoll, jedoch sind Haftungseinschränkungen lediglich in einem

engen Rahmen zulässig. Sämtliche Haftungen, die eine Verletzung von Leben, Körper oder Gesundheit in irgendeiner Weise einschränken, sowie eine Haftung für Vorsatz und grobe Fahrlässigkeit dürfen nach dem Willen des BGB nicht ausgeschlossen oder begrenzt werden. Demnach ist der – in AGB durchaus beliebte – Passus »Wir haften nicht für Schäden aufgrund vorsätzlicher oder grob fahrlässiger Pflichtverletzung« nicht zulässig.

Eine Haftungseinschränkung für Schäden durch leichte Fahrlässigkeit ist zwar erlaubt, jedoch sollte dabei unbedingt der Hinweis stehen, dass »diese Beschränkung nicht bei Verletzung von Leben, Körper und Gesundheit« gilt. Fehlt dieser Zusatz, dann ist die gesamte Klausel mal wieder unwirksam.

- **Klageverzicht**
Gelegentlich findet man auch die Klausel, dass der Kunde seine Ansprüche gegen den Verwender der AGB gerichtlich nur geltend machen darf, nachdem er eine gütliche Einigung in einem Verfahren zur außergerichtlichen Streitbeilegung (ein sogenanntes Güteverfahren) versucht hat. Auch diese Formulierung wäre nicht haltbar.

- **Kündigung von Verträgen**
Beachten Sie bitte, dass eine Kündigung immer in der gleichen Form durchgeführt werden kann, wie das Geschäft abgeschlossen wurde. Das bedeutet, ein Unternehmen darf seinen Kunden in den AGB nicht vorschreiben, dass die Kündigung auf einem anderen Weg zu erfolgen hat, als damals der Vertrag zustande kam. Wenn beispielsweise ein Abo online abgeschlossen wurde und die Kündigung ausschließlich in Keilschrift auf einem handgeschöpften Papier verfasst werden darf, ist diese Klausel unwirksam.

- **Lieferzeiten**
Ein häufiges Ärgernis gerade im Online-Handel sind Lieferunsicherheiten, die Verkäufer gerne dadurch zu umgehen ver-

suchen, dass sie in den AGB nur unverbindliche Lieferzeiten angeben. Das ist von Gerichten für unzulässig erklärt worden. Ungefähre Angaben zur geplanten Lieferung sind hingegen in Ordnung.

- **Mängel der Ware**
  Ist die einem Verbraucher gelieferte Ware mangelhaft, so ist in den AGB manchmal geregelt, dass der Verkäufer nach seiner Wahl das Recht hat, die Sache zu reparieren, eine neue Sache zu liefern oder sogar vom Vertrag zurückzutreten. Dieses Wahlrecht hat nach dem BGB aber gerade nur der Käufer, insofern ist auch diese Klausel unwirksam.

- **Pauschaler Schadensersatz**
  In den AGB wird zuweilen versucht, dem Vertragspartner statt eines konkret entstandenen Schadens einen vorab festgelegten pauschalen Schadensersatz aufzuerlegen.
  Dies ist unwirksam, wenn die Pauschale höher ist als der normalerweise zu erwartende Schaden. Prominentes Beispiel ist hier die Mahngebühr. Wenn Sie zum Beispiel eine Ware für 5 Euro verkaufen, und der Kunde zahlt diesen Betrag nicht, dann darf die Mahngebühr keine 10 Euro betragen.
  Weiterhin sollte auch immer eine Klausel enthalten sein, die dem anderen Vertragspartner die Möglichkeit einräumt, dem Verwender der AGB nachzuweisen, dass überhaupt kein Schaden entstanden ist oder der entstandene Schaden geringer als die Pauschale ist.

- **Reklamationen**
  Auch Reklamationen sind in den AGB so eine Sache. Zwischen zwei Unternehmen kann durchaus vereinbart werden, dass Mängel lediglich innerhalb einer bestimmten Frist angezeigt werden können.

Gegenüber Verbrauchern ist eine derartige Klausel jedoch nicht zulässig. Formulierungen, wie »Reklamationen werden innerhalb einer Woche anerkannt, spätere Reklamationen können nicht berücksichtigt werden« sind unwirksam. Dem Kunden muss zumindest eine Prüfpflicht von einer Woche zugestanden werden, danach kann er aber immer noch in angemessener Zeit reklamieren.

- **Salvatorische Klausel**
Oft wird in den AGB eine sogenannte »salvatorische Klausel« verwendet.* Deren Verwendung in den AGB bedeutet, dass bei einer ungültigen AGB eine »ähnliche Regel« anzuwenden ist, die dem wirtschaftlichen Interesse beider Seiten in ähnlicher Form entspricht. Genau das würde aber dem Gedanken von »im Zweifel gegen den Verwender« zuwiderlaufen. Insofern ist eine salvatorische Klausel nie in den AGB zu verwenden.

- **Vertragsstrafe**
Vertragsstrafen sind in den AGB nicht zulässig, wenn Sie dem Verwender dafür gezahlt werden soll, dass der Vertragspartner die vertraglich vereinbarte Leistung zu spät oder gar nicht abgenommen hat, in Zahlungsverzug ist oder sich vom Vertrag lösen möchte.

- **Wechsel des Vertragspartners**
Der Kunde hat sich für einen bestimmten Vertragspartner entschieden, und dann muss er zu seinem Entsetzen in den AGB lesen, dass der Vertragspartner das Recht hat, eine andere Person an seiner Stelle in den Vertrag eintreten zu lassen. Dies ist nach dem Willen des BGB nur möglich, wenn dieser neue Vertragspartner entweder namentlich benannt ist oder der Kunde das Recht hat, im Falle eines solchen Wechsels des Vertragspartners, den Vertrag zu kündigen.

---

* Siehe dazu Kapitel 10.

- **Widerruf/Erstattung des Kaufpreises**
  Widerruft der Kunde seinen Vertrag, ist ihm der bereits gezahlte Kaufpreis zu erstatten. Ohne Wenn und Aber. Klauseln, die nur eine bestimmte Art der Erstattung (zum Beispiel Erstattung auf ein Kundenkonto) erlauben, sind ebenfalls nicht zulässig.

- **Zahlungsfristen**
  Manchmal versucht der Verwender von AGB die Zahlung des vereinbarten Preises für die erbrachte Leistung durch ein besonders langes Zahlungsziel zu verzögern. Grundsätzlich sind aber Zahlungen nach dem BGB sofort nach Erbringung der Leistung des Vertragspartners fällig. Daher dürfen in den AGB vereinbarte Zahlungsfristen nicht unangemessen lang sein. Der Gesetzgeber geht davon aus, dass eine Frist von mehr als 30 Tagen nach Empfang der Leistung – beispielsweise die Lieferung eines Kaufgegenstandes oder die Erbringung einer handwerklichen Tätigkeit – sowie eine Frist von mehr als 30 Tagen nach Zugang einer Rechnung unangemessen lang ist.

Sie sehen also, das Erstellen und Verwenden rechtssicherer AGB kann durchaus als ein gewisses Abenteuer betrachtet werden, das Sie besser nicht alleine in Angriff nehmen sollten. Zu viele Fallen und Hindernisse lauern auf diesem Weg, und es ist besser, Sie sichern sich ausreichend ab. Lassen Sie Ihre AGB auch regelmäßig überprüfen, sodass sichergestellt ist, dass der jeweils aktuelle Stand der Rechtsprechung hier eingearbeitet ist. Dennoch gilt: Als Empfänger von AGB sind Sie immer auf der sicheren Seite.

KAPITEL 10

Überblick über häufig in Verträgen benutzte Begriffe

Im Folgenden führe ich ohne Anspruch auf Vollständigkeit als Überblick Begriffe und Formulierungen auf, die häufig in Verträgen verwendet werden und deren Bedeutung Sie kennen sollten. Auch hier stellt sich oft die Frage: »Kann ich das so formulieren?« Oder umgekehrt: Schauen Sie genau hin, wenn Ihr Vertragspartner die nachfolgenden Begriffe und Formulierungen verwendet.

> Generell gilt: Vermeiden Sie unbestimmte und auslegungsbedürfte Begriffe, und konkretisieren Sie so viel und so weit wie möglich.

- **Abnahme**
  Dieser Begriff taucht häufig bei Kauf- und Werkverträgen auf. Beim Kaufvertrag ist es die Pflicht des Käufers, die gekaufte Sache dem Verkäufer abzunehmen. Unterlässt er das, kommt er in Verzug; der Verkäufer kann unter Umständen vom Vertrag zurücktreten oder Schadensersatz verlangen, beispielsweise für die Kosten der Aufbewahrung des Kaufgegenstandes.

Beim Werkvertrag (zum Beispiel Handwerkervertrag) ist die Abnahme derjenige Zeitpunkt, ab dem das Entgelt für den Werkvertrag zu entrichten ist. Die Abnahme erfolgt dort meist formal mit einem Abnahmeprotokoll.
Formulierungstipp: Legen Sie den Zeitpunkt und den Ort der Abnahme so genau wie möglich fest.

- »abschließend«
siehe –> »insbesondere«

- »angemessen«
Fristen werden oft als »angemessen« in Verträgen beschrieben. Hier muss dann notfalls der Richter auslegen, was unter Berücksichtigung der Interessen beider Parteien tatsächlich »angemessen« ist.
Formulierungstipp: Besser direkt eine konkrete Anzahl an Tagen, Wochen oder Monaten einsetzen.

- »bemühen«
Auch ein unbestimmter Begriff. Man »wird sich bemühen, eine Einigung zu finden«. Dies wird als Sprechklausel bezeichnet. Im Ergebnis soll hier nur der gute Wille der Parteien zu einer gütlichen Einigung dargestellt werden. Ein Anspruch auf irgendein bestimmtes Ergebnis oder gar eine bestimmte Leistung gibt es hieraus nicht.
Formulierungstipp: Wenn Sie schon heute eine verbindliche Regelung möchten, verzichten Sie hierauf. Wenn Sie bewusst offen und unverbindlich formulieren wollen, setzen Sie diese Klausel ein.

- »brutto«
Es sollte immer klar geregelt werden, ob sich Preise brutto oder netto verstehen. Verbrauchern gegenüber muss immer der Bruttopreis angegeben werden; zwischen Unternehmern ist dies einfach sinnvoll, um spätere Streitigkeiten zu vermeiden.

Formulierungstipp: Sicherheitshalber »zzgl. jeweils gültiger Umsatzsteuer« formulieren.

- **Bürgschaft**
  Sollten Sie verpflichtet werden, für etwas zu bürgen, dann ist höchste Vorsicht geboten. Wer bürgt, haftet mit seinem gesamten Vermögen. Der Bürge kann die Zahlung aber verweigern, bis alle Rechtsmittel gegen den sogenannten Hauptschuldner ausgeschöpft sind. Anders ist dies bei der sogenannten selbstschuldnerischen Bürgschaft, wo der Bürge auf »Einreden« verzichtet. Diese Form der Bürgschaft wird auch als »Bürgschaft auf erstes Anfordern« bezeichnet.
  Formulierungstipp: Wenn schon gebürgt werden muss, dann sollte die Bürgschaft zumindest der Höhe nach begrenzt werden.

- **»Dritter«**
  Als »Dritter« werden immer diejenigen Personen bezeichnet, die nicht Partei zum Vertrag sind.
  Formulierungstipp: Es empfiehlt sich, »Dritte« genau zu bezeichnen, wenn diese bei Vertragsschluss bereits bekannt sind.

- **Eigentumsvorbehalt**
  »Bis zur vollständigen Bezahlung behält sich der Verkäufer das Eigentum vor.« Sie haben die Sache erhalten, rechtlich gehört Sie Ihnen erst, wenn Sie den vereinbarten Kaufpreis gezahlt haben. Als Verbraucher kennen Sie das vom Kauf auf Rechnung.
  Formulierungstipp: Als Unternehmer, der seine Ware unter Eigentumsvorbehalt von seinem Lieferanten erhält, ist es wichtig zu regeln, dass die Ware dennoch bereits an Kunden verkauft werden darf.

- **»fahrlässiges Handeln«**
  Wer nicht mit Absicht eine Pflicht aus seinem Vertrag verletzt (siehe –> **vorsätzliches Handeln**) kann fahrlässig handeln,

wenn er die Sorgfalt, die der Geschäftsverkehr von ihm erwarten kann, nicht einhält. Dies nennt man einfache (leichte) Fahrlässigkeit. Bei besonders schwerer Verletzung der Sorgfalt spricht man von grober Fahrlässigkeit.
Formulierungstipp: Eine Haftung wegen Fahrlässigkeit kann im Vertrag ausgeschlossen werden. Grobe Fahrlässigkeit kann in den AGB nicht ausgeschlossen werden.

- **Garantie/»Ich garantiere, dass ...«**
  Anders als die –> **Gewährleistung** ist eine Garantie immer eine freiwillige zusätzliche Leistung, die der eine Vertragspartner dem anderen Vertragspartner anbietet. Die Garantie kann beschränkt sein (»bis zu 100.000 Kilometer Laufleistung« oder »auf alle tragenden Teile« oder »nur bei regelmäßiger Wartung nach Wartungsplan«), da sie ja freiwillig abgegeben wird. Tritt jedoch der Garantiefall ein, muss der Garantierende »ohne Wenn und Aber« einstehen. Er kann sich nicht entschuldigen und behaupten, dass er zum Beispiel »von diesem Fehler nichts gewusst« habe oder »niemand mit so einer Materialermüdung rechnen konnte«.
  Formulierungstipp: Nur das garantieren, was man beeinflussen kann; weniger ist mehr.

- **Gefahrübergang**
  siehe –> **Leistungsort**

- **Gewährleistung/»Gewährleistungsrechte sind ausgeschlossen«**
  Anders als die –> **Garantie** bezeichnet die Gewährleistung die Rechte, die dem Vertragspartner aufgrund gesetzlicher Regelung zustehen.
  Formulierungstipp: Wenn ein Verbraucher beteiligt ist, kann die Gewährleistung nicht zu dessen Nachteil eingeschränkt werden, zwischen zwei Unternehmern geht dies allerdings. Vorsicht bei einem Ausschluss oder einer Einschränkung von

Gewährleistungsrechten ist insbesondere bei der Verwendung von AGB geboten.

- **Haftung/»Der Verkäufer übernimmt keine Haftung für ...«**
  Dieser Begriff wird in verschiedenen Zusammenhängen benutzt. Im Vertrag soll damit aber meist die Pflicht der Parteien zum Ersatz von Schäden aus Vertragsverletzungen beschrieben werden. Gehaftet wird für –> **vorsätzliches Handeln** und –> **fahrlässiges Handeln**.
  Formulierungstipp: Listen Sie diejenigen Punkte auf, für die nicht gehaftet wird, beziehungsweise wofür gehaftet werden soll.

- **Hauptleistungspflicht**
  Jeder Vertrag hat sogenannte Hauptleistungspflichten, zum Beispiel die Kaufsache dem Käufer zu übergeben. Werden diese nicht erfüllt, kann man vom Vertrag zurücktreten. Daneben gibt es Nebenleistungspflichten (beispielsweise das neue technische Gerät in seiner Funktion dem Käufer zu erklären). Werden diese verletzt, besteht nur ein Schadensersatzanspruch.
  Formulierungstipp: Regeln Sie explizit die Nebenleistungspflichten.

- **höhere Gewalt/»Der Verkäufer schließt eine Haftung wegen höherer Gewalt aus.«**
  Mit dieser Formulierung versucht man sich gegen Ereignisse abzusichern, die von außen auf die Vertragspartner einwirken (zum Beispiel ein Streik, ein Krieg et cetera). Dieses Ereignis darf nicht einem der beiden Vertragspartner zugerechnet werden können (die defekte Maschine des Herstellers wird zum Beispiel dem Hersteller zugerechnet).
  Formulierungstipp: Da der Begriff sehr unspezifisch ist, sollten Sie immer im Vertrag eine Auflistung der wahrscheinlichsten Fälle der höheren Gewalt nennen.

- **»insbesondere«**
Ein eher unbedeutendes Wort, das aber immens wichtig sein kann. Bei Aufzählungen, beispielsweise wenn ein Fall der –> **höheren Gewalt** vorliegt, wäre eine »abschließende« Aufzählung unpassend, da dann eben nur diese Ereignisse zu einer Bejahung von höherer Gewalt führen.
Formulierungstipp: Mit »insbesondere« halten Sie sich immer eine Hintertüre offen, um Fälle zu erfassen, die vertraglich nicht geregelt sind.

- **Kündigung**
Kündigungen sind nur bei sogenannten Dauerschuldverhältnissen (Mietvertrag, Leihe, Arbeitsvertrag et cetera) vertraglich zu regeln. Ein Vertrag, der sich auf ein einmaliges Ereignis bezieht (zum Beispiel der Kauf eines Gegenstandes bei einem Kaufvertrag) braucht keine Kündigung. Bei Kündigungen ist immer zwischen sogenannten ordentlichen und außerordentlichen Kündigungen zu unterscheiden. Zur außerordentlichen Kündigung siehe –> **Kündigung aus wichtigem Grund**.
Formulierungstipp: Die ordentliche Kündigung steht im Gesetz, Sie können aber (längere) Fristen im Vertrag vereinbaren. Meist wird dann eine Formulierung wie beispielsweise »Jede Partei kann den Vertrag mit einer Frist von 3 Monaten zum Quartalsende kündigen« verwendet. Besondere Aufmerksamkeit ist geboten bei folgender zusätzlicher Formulierung: »Der Vertrag verlängert sich automatisch um ein Jahr, wenn er nicht mit einer Frist von 3 Monaten zum Jahresende gekündigt wird.«

- **Kündigung aus wichtigem Grund/außerordentliche Kündigung**
Sie greift bei schwerwiegenden Verfehlungen des anderen Vertragspartners und führt zur sofortigen Kündigung, ohne dass man die vertraglich vereinbarte Kündigungsfrist einhalten muss.

Formulierungstipp: Es empfiehlt sich, in den Vertrag eine nicht abschließende (nur –> »**insbesondere**«) Liste von wichtigen Kündigungsgründen aufzuführen, wenn Sie selber die Kündigung in der Hand haben wollen. Umgekehrt, wenn Sie Sorge vor einer außerordentlichen Kündigung haben, sollten Sie eine abschließende Liste von Kündigungsgründen aufführen.

- **Laufzeit**
»Der Vertrag hat eine Laufzeit von 5 Jahren.« Klingt eigentlich banal.
Formulierungstipp: Schreiben Sie in den Vertrag hinein, ab wann diese Frist zu laufen beginnt oder, alternativ, an welchem Tag der Vertrag endet.

- **Leistungsort**
Wenn der Vertrag »Leistungsort ist Frankfurt am Main« regelt, dann ist damit gemeint, dass die vertraglich geschuldete Leistung (zum Beispiel Übergabe des Kaufgegenstandes, Erbringung einer Dienstleistung) in Frankfurt am Main erbracht werden muss. Wenn der Käufer nun in München wohnt und der Verkäufer den Kaufgegenstand dorthin versendet, findet am Leistungsort der Gefahrübergang statt, und das Versandrisiko (Verlust, Beschädigung et cetera) geht zu Lasten des Käufers. Gelegentlich wird statt Leistungsort auch der Begriff Erfüllungsort verwendet.
Formulierungstipp: Verhandeln Sie den Leistungsort und versuchen Sie, diesen immer an Ihrem Wohnsitz beziehungsweise Geschäftssitz zu definieren. Wenn Sie als –> **Unternehmer** eine Sache an einen –> **Verbraucher** verkaufen und diese an ihn versenden, ist per Gesetz der Leistungsort immer zwingend der Sitz des Verbrauchers.

- **»Mangel«**
Als »Mangel« ist grundsätzlich jede Abweichung des aktuellen (Ist-)Zustandes vom vertraglich vereinbarten (Soll-)Zustand zu

verstehen. Wenn vertraglich vereinbart, kann auch das Schrottauto rechtlich gesehen mängelfrei sein, wenn der Zustand so vereinbart ist. »Gekauft wie gesehen« ist zwar eine häufig benutzte Formulierung, man sollte aber schon in einem Protokoll, das dann dem Vertrag angehängt wird, aufnehmen, was gesehen wurde, das bedeutet, wie der Zustand bei Vertragsschluss war.

Formulierungstipp: Beschreiben Sie im Vertrag den vertraglich vereinbarten Zustand so genau wie möglich, gegebenenfalls mit Zeichnungen, Fotos et cetera.

- **»nach bestem Wissen [und Gewissen]«**
  Dieser Begriff ist auch eher schwammig, soll aber zeigen, dass man seine Pflicht im Vertrag nur so gut wie eben menschenmöglich erfüllen wird. Es wird dann nichts Unmögliches vom Vertragspartner zu erwarten sein. Im Streitfall ist schwer zu beweisen, ob tatsächlich nach bestem Wissen und Gewissen gehandelt wurde.
  Formulierungstipp: Vermeiden Sie diese Formulierung, und regeln Sie die Pflichten so genau wie möglich.

- **Nebenleistungspflicht**
  siehe –> **Hauptleistungspflicht**

- **pauschalierter Schadensersatz**
  Mitunter wird statt einer konkreten Schadensberechnung pauschal ein Betrag von [x] als Schaden im Vertrag festgehalten. Wenn Sie zur Zahlung verpflichtet sind, müssten Sie beweisen, dass der tatsächliche Schaden Ihres Vertragspartners geringer ist, was zumeist schwierig ist. Zu unterscheiden von der –> **Vertragsstrafe**.
  Formulierungstipp: In den AGB unwirksam, wenn die Pauschale den gewöhnlich zu erwartenden Schaden übersteigt.

- **salvatorische Klausel**
Diese Klausel sollte in jedem Vertrag enthalten sein, um klarzustellen, dass eine unwirksame Regelung in Ihrem Vertrag diesen nicht insgesamt zu Fall bringt, sondern nur diejenige Klausel, die unwirksam ist. Diese wird dann durch den vermeintlichen oder tatsächlichen Willen der beiden Vertragspartner ersetzt.

- **Schriftformklausel/»Änderungen dieses Vertrags müssen schriftlich erfolgen.«**
Diese Klausel sollte auch in keinem Vertrag fehlen, um das leidige Thema der mündlichen Nebenabreden zu vermeiden, die im Nachhinein zu Beweisproblemen führen.
Formulierungstipp: Es sollte ebenfalls vereinbart werden, dass auch die Änderung der Schriftformklausel selber schriftlich zu erfolgen hat.

- **Tage**
Wochentage (Montag – Sonntag)? Werktage (Montag – Samstag)? Bankarbeitstage (Montag – Freitag)? Was soll denn gelten, wenn Sie im Vertag vereinbaren, dass irgendeine Leistung innerhalb von zehn Tagen erbracht werden soll? Je nachdem, was gewollt ist, verlängert beziehungsweise verkürzt sich die Frist erheblich.
Formulierungstipp: Genau definieren, was gemeint ist.

- **Übergabe**
Dieser Begriff wird meist im Zusammenhang mit dem Erwerb von Eigentum an einer Sache in Verbindung gebracht. Um Eigentümer im Sinne des deutschen Rechts zu werden, genügt ein Kaufvertrag und die Zahlung des Kaufpreises noch nicht. Zusätzlich muss der Kaufgegenstand dem Käufer auch »übergeben« werden. Daneben bezeichnet dieser Begriff auch den –> **Leistungsort**.

- »üblich«
  Manchmal sollen »übliche« Preise gezahlt oder »übliche« Fristen eingehalten werden. Aber was ist üblich? Das bestimmt der Markt, und im Zweifel wird das Ergebnis immer nur eine gewisse Breite (zum Beispiel sieben bis zehn Tage) ergeben.
  Formulierungstipp: Besser eine konkrete Zahl in dem Vertrag verhandeln.

- **Unternehmer**
  Dieser Begriff ist im § 14 des BGB geregelt. Als Unternehmer handelt jede Person, die den Vertrag im Rahmen ihrer gewerblichen oder selbstständigen beruflichen Tätigkeit abschließt.
  Formulierungstipp: Stellen Sie den Status der beiden Vertragspartner im Vertrag klar, und benennen Sie konkret, ob es sich um Unternehmer oder um –> **Verbraucher** handelt.

- **Untersuchungspflicht/»Der Käufer hat die Sache unverzüglich zu untersuchen, sonst ...«**
  Mit dieser Formulierung wird oft versucht, jegliche –> **Gewährleistung** auszuschließen, wenn der Käufer den Kaufgegenstand nicht sofort nach Erhalt untersucht. Unterlässt er dies, so soll der Verkäufer keinerlei Gewährleistung übernehmen.
  Formulierungstipp: Zwischen Unternehmern ist diese Regelung unproblematisch, zwischen Unternehmer und Käufer wäre dies nicht zulässig.

- »unverbindlich«
  Wie der Begriff schon sagt, hier ist nichts verbindlich, im Gegensatz zu einer –> Garantie, bei der verbindlich verschuldensunabhängig gehaftet werden soll.
  Formulierungstipp: Hier sollten Sie wenigstens noch ein –> **nach bestem Wissen** hineinverhandeln.

- »unverzüglich«
  Dieser Begriff wird von der Rechtsprechung mit »ohne schuldhaftes Zögern« übersetzt. Man kann hier nicht allgemeinverbindlich sagen, ob unverzüglich nun ein, zwei oder drei Tage sind. Wichtig ist, dass der Vertragspartner, der etwas »unverzüglich« machen muss, dies mit oberster Priorität macht und die Angelegenheit nicht tagelang auf seinem Schreibtisch liegen lässt.
  Formulierungstipp: Setzen Sie ein absolutes Ende, indem Sie formulieren: »… unverzüglich, spätestens aber [x] Tage nach …«

- **Verbraucher**
  Der Begriff des Verbrauchers ist im § 14 des BGB geregelt. Der Verbraucher schließt – anders als der –> **Unternehmer** – den Vertrag als Privatperson und gerade nicht im Rahmen seiner gewerblichen oder selbstständigen beruflichen Tätigkeit ab.
  Formulierungstipp: Stellen Sie den Status der beiden Vertragspartner im Vertrag klar.

- **Verjährung/»Rechte aus diesem Vertrag verjähren in zwei Jahren.«**
  Grundsätzlich regelt das Gesetz, wann Ansprüche aus einem Vertrag verjähren. Generell sind dies drei Jahre, es können aber auch zum Beispiel zwei Jahre sein, wie es beim Gewährleistungsrecht des Kaufvertrages der Fall ist. Eine – für beide Seiten dann geltende – Verlängerung der Verjährung kann immer verhandelt werden und ist rechtlich unproblematisch. Eine – ebenfalls für beide Seiten geltende – Verkürzung in einem Vertrag zwischen zwei Unternehmern ist unproblematisch, in der Konstellation –> **Unternehmer** und –> **Verbraucher** jedoch nicht.
  Formulierungstipp: Wichtig ist, dass die Parteien sich über den Beginn der Frist klar sind. Bei der generellen Verjährungsfrist von drei Jahren läuft die Frist erst ab dem Ende des Kalenderjahres, in dem das den Anspruch auslösende Ereignis eingetreten ist; bei der –> **Gewährleistung** im Kaufvertrag und

Werkvertrag zum Beispiel ab dem Zeitpunkt der Übergabe des Kaufgegenstandes beziehungsweise ab der Abnahme des Werkes.

- »verkehrsüblich«
  »Der Unternehmer hat die verkehrsübliche Sorgfalt einzuhalten.« Hier hält man sich relativ allgemein und vermeidet, genau zu definieren, wie etwa die Sorgfalt auszusehen hat. Stattdessen verweist man auf diejenigen (Berufs-)Kreise, in denen sich die Vertragspartner bewegen, und versucht, deren Maßstab gedanklich dem Vertrag beizufügen. Ein Chirurg wird beispielsweise sorgfältiger oder zumindest anders mit dem menschlichen Körper umgehen müssen als ein Masseur.
  Formulierungstipp: Wenn möglich, verweisen Sie auf einschlägige Regelungen des Kreises, in dem sich die Vertragsparteien bewegen.

- »vernünftigerweise«
  »Der Vertragspartner hat nur diejenigen Schäden zu ersetzen, mit denen vernünftigerweise gerechnet werden kann.« Diese Formulierung wird manchmal verwendet, um allzu unrealistische Fallkonstellationen auszuschließen. Am Ende bleibt hier aber auch unklar, was nun genau »vernünftig« und was »unvernünftig« ist.
  Formulierungstipp: Führen Sie Beispiele von Ereignissen oder Umständen auf, die aus Sicht der Parteien von der vertraglichen Regelung ausgeschlossen werden sollen.

- Verschulden
  Teilt sich in –> **vorsätzliches Handeln** und –> **fahrlässiges Handeln** auf.

- »verschuldensunabhängig«
  siehe –> **Garantie**

- **Vertragsstrafe**
  Hiermit wird versucht, Druck auf den Vertragspartner auszuüben, seine –> **Hauptleistungspflicht** zu erfüllen. Zum anderen kann hiermit der Schaden aus einem –> **Verzug** kompensiert werden. Zu unterscheiden vom –> **pauschalierten Schadensersatz**.
  Formulierungstipp: Druck erzeugt Gegendruck, in Verhandlungen müssen Sie damit rechnen, ebenfalls eine Vertragsstrafe akzeptieren zu müssen. In den AGB ist eine Vertragsstrafe unter bestimmten Umständen unwirksam.

- **Verzug**
  Die Vertragspartner verpflichten sich im Vertrag, bestimmte Pflichten zu erfüllen. Diese können allgemein fällig werden (etwa die Zahlung des Kaufpreises, wenn der Verkäufer dem Käufer die Ware übergeben hat) oder an einem bestimmten Tag (»zahlbar 30 Tage nach Rechnungsdatum«). Ist ein Datum nicht angegeben oder nicht berechenbar, so muss der andere Vertragsteil mahnen und eine Frist setzen. Erbringt der entsprechende Vertragspartner seine Leistung nicht an jenem Tag, an dem diese fällig ist beziehungsweise die gesetzte Frist abläuft, kommt er in Verzug. Bei einer Geldforderung tritt gesetzlich 30 Tage nach Zugang der Rechnung Verzug ein.
  Als Folge des Verzugs hat der sich in Verzug befindliche Vertragspartner Verzugszinsen zu zahlen.
  Formulierungstipp: Formulieren Sie den Verzugsbeginn klar. Sie haben dabei die Freiheit, den Verzugsbeginn weiter nach hinten zu verlegen (zum Beispiel erst 60 Tage nach Rechnungsdatum).

- **»vorsätzliches Handeln«**
  Wer mit Absicht eine Pflicht aus seinem Vertrag verletzt, haftet dem Vertragspartner.
  Formulierungstipp: Vorsätzliches Handeln kann nicht im Vertrag ausgeschlossen werden.

- **»wesentlich«**
  Ebenso wie das Gegenteil »unwesentlich« ist »wesentlich« ein unbestimmter und damit konfliktträchtiger Begriff. Verwendet werden diese Begriffe zum Beispiel im Zusammenhang mit »wesentlichen/unwesentlichen Abweichungen«.
  Formulierungstipp: Besser sollten Sie hier mit Prozentangaben oder anderen Quantifizierungen arbeiten.

- **»Wesentlich nachteilige Veränderung«**
  Dieser Begriff wird oft verwendet, um sich bei dessen Bejahung beispielsweise vom Vertrag lösen zu können. Hier sollten Sie klar definieren, was genau eine solche Veränderung ist. Allzu schnell sollte sie jedenfalls nicht bejaht werden können.
  Formulierungstipp: Es empfiehlt sich eine abschließende Aufzählung derjenigen Umstände, die zu einer wesentlich nachteiligen Veränderung führen sollen.

- **»wirtschaftlich sinnvoll«**
  Verwendet wird dieser Ausdruck oft im Zusammenhang mit –> **Gewährleistungen**, die nur dann durchgeführt werden müssen, wenn sie wirtschaftlich sinnvoll sind. Dies liegt einerseits im Auge des Betrachters, kann andererseits durch Gerichte aber auch geprüft werden.
  Formulierungstipp: Am besten sollte hier genau definiert werden, wann Sinnlosigkeit vorliegt (zum Beispiel, wenn die Reparatur den Kaufpreis um X Prozent übersteigt).

- **»zahlbar sofort«**
  Die Formulierung ist eigentlich eindeutig. Man muss sofort zahlen.
  Formulierungstipp: Regeln Sie, an welches Ereignis »sofort« angeknüpft wird. Beispielsweise ist der Kaufpreis sofort bei Übergabe zu zahlen oder der Werklohn bei Abnahme. Im Rahmen der Vertragsfreiheit kann aber auch vereinbart werden,

dass »innerhalb von 30 Tagen abzüglich [2% Skonto] gezahlt wird«.

- **»Zustimmung«**
  Manche Handlungen des einen Vertragspartners bedürfen der Zustimmung des anderen (zum Beispiel das Anbringen einer Markise an der Wohnung durch den Mieter). Das Gesetz unterscheidet zwischen einer vorherigen Zustimmung (= Einwilligung) und einer nachträglichen Zustimmung (= Genehmigung).
  Formulierungstipp: Damit es hier nicht zu ärgerlichen Auseinandersetzungen kommt, sollte man im Vertrag klar »vorherige« oder »nachträgliche« Zustimmung formulieren.

Schlussbemerkung

Sie sind nun am Ende dieses Buches angelangt, und ich hoffe, dass Sie hierin wertvolle Erkenntnisse gefunden haben. Am Ende ist es wie mit allen Dingen: Übung macht den Meister. Seien Sie mutig, und verhandeln Sie, sooft Sie können.

Auch wenn Sie kein Jurastudium absolviert haben, sollte das Buch Ihnen helfen, die Angst und Ehrfurcht vor Verträgen zu verlieren und Verträge als das zu sehen, was sie sind, nämlich die Umsetzung des wirtschaftlich Gewollten in Schriftform.

Nochmals: Der Vertrag folgt immer nur dem wirtschaftlich Gewollten! Werden Sie sich darüber zunächst klar, und dann verhandeln Sie zu diesem Ziel hin. Wegweiser hierzu habe ich Ihnen in diesem Buch aufgestellt und auch – um im Bild zu bleiben – die Reisebegleiter vorgestellt.

Schauen Sie immer mal wieder in dieses Buch, am besten vor jeder Verhandlung. Es ist als Nachschlagewerk und ständiger Begleiter gedacht. Wann immer Sie eine Situation vor Herausforderungen stellt, soll dieses Werk Ihnen dabei Antworten liefern. Natürlich kann nicht jede Verhandlungssituation aufgeführt sein, die theoretisch auftreten kann. Ich bin aber überzeugt, dass Sie nun für die meisten realistischerweise auftretenden beruflichen und privaten Verhandlungen bestens gerüstet sind.

Schlussbemerkung

Ich wünsche Ihnen jedenfalls viel Erfolg bei Ihren künftigen Vertragsverhandlungen.

Über den Autor

Der Volljurist Prof. Dr. Jörg Kupjetz lehrt als Professor an der Frankfurt University of Applied Sciences sowie an der accadis Hochschule Bad Homburg. Der Experte für Vertragsrecht, Wirtschaftsmediator, Rechtsanwalt und Partner in einer renommierten Großkanzlei arbeitet auch als Vortragsredner und begeistert sein Publikum mit humorvollen Vorträgen über die Fallstricke in Vertragsverhandlungen.

Anmerkungen

1. Basis für diese Aussage ist die Bedürfnispyramide von Maslow; vgl. auch Kahneman, D. (2016) *Schnelles Denken, langsames Denken*, München.
2. Åge, L.J. (2020) *Happy Happy: Wie Du Dich in nur fünf Schritten mit (fast) jedem einigst*, Frankfurt am Main.
3. Siehe hierzu Fischer, R.; Ury, W.; Patton, B. (2018⁴) *Das Harvard-Konzept: Die unschlagbare Methode für beste Verhandlungsergebnisse – Erweitert und neu übersetzt*, München; wobei hier auf Positionen abgezielt wird. Es handelt sich dabei aber lediglich um unterschiedliche Begriffe für ein und dieselbe Bedeutung.
4. https://www.presseportal.de/pm/25171/931959
5. Vgl. hierzu ausführlich Gasche, R. (2018²) *So geht Führung! 7 Gesetze, die Sie im Führungsalltag wirklich weiterbringen*, Wiesbaden.
6. https://www.spektrum.de/lexikon/biologie/duchenne-laecheln/19593
7. Literaturvorschlag: Rizk-Antonious, R. (2019) *Ihr Navi durch andere Kulturen. Wege aus dem Labyrinth interkultureller Fallstricke*, Wiesbaden.
8. Navarro, J. (2010) *Menschen lesen. Ein FBI-Agent erklärt, wie man Körpersprache entschlüsselt*, München. S. 149ff.
9. Mehr Informationen zu diesem Thema unter: https://psylex.de/psychologie-lexikon/persoenlichkeit/persoenlichkeitstypen.html
10. Dauth, G. (2019) *Bessere Beziehungen mit dem DISG®-Modell*, Offenbach.
11. Correll, W. (2005) *Menschen durchschauen und richtig behandeln. Psychologie für Beruf und Familie*, München.
12. Brizendine, L. (2011) *Das männliche Gehirn. Warum Männer anders sind als Frauen*, München; Brizendine, L. (2008) *Das weibliche Gehirn. Warum Frauen anders sind als Männer*, München.
13. https://www.verywellmind.com/what-is-the-anchoring-bias-2795029#citation-4
14. Fischer, R.; Ury, W.; Patton, B. (2018⁴) *Das Harvard-Konzept: Die unschlagbare Methode für beste Verhandlungsergebnisse – Erweitert und neu übersetzt*, München.
15. Einige Verhandlungstaktiken wurden inspiriert von: Knill, M. (1991) *Natürlich, zuhörerorientiert, aussagenzentriert reden*, Hoelstein; siehe auch weiterführend http://www.rhetorik.ch/Unredlich/Unredlich.html.
16. Zusätzliche Informationen zu Powerposen gibt es beispielsweise hier: https://www.profiling.me/power-posen/

Anmerkungen

[17] Mehr Informationen dazu gibt es beispielsweise unter: https://www.firma.de/unternehmensfuehrung/salvatorische-klausel-so-schuetzen-sie-ihre-vertraege/

[18] Kupjetz, J. (2017) *Verträge verstehen für Nicht-Juristen. Worauf man im Arbeitsalltag achten muss*, München.

[19] https://beck-online.beck.de/Dokument?vpath=bibdata%5Ckomm%5CSchDoeEbeKoBGB_6%5CBGB%5Ccont%5CSchDoeEbeKoBGB.BGB.p307.htm

Stichwortverzeichnis

Symbole
§307 BGB 173, 174
§308 BGB 174
§309 BGB 174

A
Abnahmevertrag 94
Abschluss 14, 26, 64, 66, 83, 106, 150, 164, 175
Abschlussdruck 135
Absichtsbekundung 14
Åge, Lars-Johan 27, 205
Allgemeine Geschäftsbedingungen (AGB) 79, 167, 169, 170 ff., 184 f., 188, 193
Alternativfragen 115 f.
Amazon 19
Angriff 86, 131, 141, 148, 179
Ankertechnik 111 f., 114 f.
Autorität 138

B
Beamer 106
Beziehungsebene 8, 27, 49, 52, 54 ff., 62, 63 f., 72, 133
Blaupause 35
Blickkontakt 54 f., 57
Boss, Theodor 11 ff., 25, 26
Brizendine, Louann 99, 205
Bürgerliches Gesetzbuch (BGB) 170

C
Choleriker 84 ff.
Correll, Werner 75, 205

D
Das männliche Gehirn 99
Das weibliche Gehirn 99
Deadlines 87, 89
Der Pate 58
dialektische Falle 145
Dienstleistung 18, 21, 35, 38 f., 111, 187
Differenzen behandeln 123
DISG®-Modell 70, 96 f., 205
Dominanz 57, 138
Duchenne, Guillaume-Benjamin 55

E
Einfluss 31, 33, 38, 52, 75
Erpressung 138
Erscheinungsbild 52, 77
Exit-Liste 24 f.

F
Facebook 17
Fisher, Roger 119
Flipchart 106, 124
formbedürftige Verträgen 150
Freiberufler 16, 41, 44

G
Geduld 87 f.
Gegenleistung 166
Gehaltsverhandlung 16
Gerichtsstand 167
geschlossene Frage 114
Gewährleistungsfrist 156, 175
Gewinnermentalität 31 f., 38
Google 19
gute Sitte 155

H

Haftung 36, 176, 184f.
Haftungseinschränkung 176
Halo-Effekt 49ff.
Harvard-Konzept 27, 119, 205
Hauptleistung 165

I

Instagram 17
Isolationstaktik 144

K

Kahneman, Daniel 111, 205
Kaufpreis 19, 39, 110, 127, 139, 158, 179, 183, 194
Konfrontation 137
Konkurrenzsituation 18
Konsens 124
Körpersprache 8, 49, 53, 57, 98, 100, 138, 205
Kündigungsfrist 166
künstliche Verknappung 83

L

Lächeln 14, 55ff., 98, 113
Laienstatus 116
Leistung 165f.
Leistungsort 165
Lieferbedingungen 165
Lieferzeiten 165

M

Macht 31, 33, 38, 53, 75
Marston, William 70
Mietvertrag 22, 35, 186
Missstimmung 63
Musculus orbicularis oculi 55
Musterverträge 157, 159

N

Nachlass 15
Nachverhandlung 43
Netflix 19
Notar 119, 150

O

Offene Fragen 114, 127

P

Pakete schnüren 126
Patton, Bruce 119, 205
Persönlichkeitsprofil 97
Persönlichkeitstypen 69, 81, 88, 97
Phrasendrescherei 138f.

Powerpose 134
Präambel 165
Preisanpassung 34, 41
preisgebundene Markenware 113
Preisgestaltung 18
Preisverhandlung 16, 100, 112, 148
Presley, Elvis 45
Privatautonomie 171
Profiling 17f.
Pünktlichkeit 51, 74

Q

Qualität 18, 36, 65, 73, 76, 102, 111, 130, 146

R

Raab, Stefan 48
Rahmenvertrag 35
Redefluss 142, 148
Reduktion 98, 134
Rettungsanker 162
Rücktrittsrechte 153

S

Salamitaktik 131ff.
salvatorische Klausel 162, 167, 178, 189
Sauberkeit 51
Schadensersatz 149, 177, 181, 188, 193
Schadensersatzansprüche 153
Schlag den Raab 48
Schriftformklausel 167
Schweigen 12, 114, 117f., 131, 136f.
Schweigetechnik 118
Selbstachtung 78f.
Selbstständiger 16, 39, 43ff.
Selbstvertrauen 55, 60, 92, 135
Sicherheit 73, 75f., 78
Siegerlächeln 12
Sky Deutschland 18
Small Talk 58, 72, 74
soziale Anerkennung 75
Sprechrhythmus 62
Sprechtempo 62
Strafrecht 153
Suggestion 111
Sympathie 55, 62

T

taktisches Moralisieren 144
Tonhöhe 62
Tversky, Amos 111

Stichwortverzeichnis

U
Unabhängigkeit 71, 79
Unzuverlässige 84, 86 f.
Ury, William 119, 205

V
Verbraucher 152, 156, 162, 171 f. 174 f., 177, 183 f., 187, 190 f.
Vergleichsangebot 30
Verhaltensmuster 69
Verhandlungsabbruch 32, 129
Verhandlungserfolg 16, 26, 52, 64, 84, 91, 118, 128
Verhandlungsgegner 93, 96, 103, 105, 113, 135, 137 f., 144
Verhandlungsgespräch 7, 9, 13, 29, 45, 56, 62, 83, 91 f., 95, 99, 101 f., 126
Verhandlungsmarathon 149
Verhandlungsort 65, 91, 99, 101, 104
Verhandlungspartner 8, 11, 13, 16 ff., 20, 22, 26 f., 31 ff., 35, 38, 41 f., 53 f., 59, 61 ff., 65, 69, 71, 74, 78 ff., 84, 87, 89, 92 ff., 100 ff., 106, 109 f., 112 f., 115, 117, 121, 123, 125 f., 128 ff., 132 f., 135 ff., 140, 142, 144, 148 ff.
Verhandlungstaktik 81, 85 f., 131, 135, 138 ff. 144
Verhandlungsteam 64, 91 f., 97, 99, 129, 132
Verhandlungstechnik 109 f., 114, 128
Verhandlungsziele 23, 25 f., 29, 32, 39, 43, 44 ff., 83, 97, 135
Verjährungsfrist 36
Verknappung 136
Verschleierungstaktik 131, 139, 140
Verschlossenheit 85
Verträge verstehen für Nicht-Juristen 164, 205
Vertragsabbruch 129, 150
Vertragsabschluss 24, 26, 40, 42, 49, 87 f., 102, 116, 124, 128 ff., 149 f.
Vertragsentwurf 12 f.
Vertragsfreiheit 153 f., 194
Vertragsgegenstand 165
Vertragsunterzeichnung 119, 124, 132
Vertrauen 14, 58, 77, 85, 87, 124, 133, 149
Vertrauensebene 89
vertrauensvolle Atmosphäre 52, 55, 57, 60
Verunsicherungstaktik 134, 136
Videokonferenz 47

vorausdenkendes Sprechen 61

W
Wahrung von Image oder Sichtbarkeit im Markt 44 f.
W-Frage 114
WhatsApp 99
Widerruf 179
Wir-Gefühl 114, 124
Worst-Case-Szenario 37

Z
Zahlungsbedingungen 166
Zermürbungstaktik 133
Zivilrecht 153
Zugeständnis 32, 43, 78, 136
Zusammenarbeit 20, 27, 35, 47, 49, 51, 64 ff., 123, 135, 148, 155 f.

Was bei Verträgen wirklich wichtig ist

In vielen Berufen bekommt man es mit Verträgen zu tun – ob im Personalbereich oder bei Vereinbarungen mit Kunden und Zulieferern etc. Leider haben die wenigsten von uns Jura studiert – in der Folge hat man Angst, wichtiges zu übersehen.

Der Autor beschreibt auf verständliche Weise, worauf es bei der Gestaltung von Verträgen ankommt und klärt über Tücken auf, die nicht nur im Kleingedruckten lauern können. Er gibt konkrete Empfehlungen, worauf man beispielsweise bei Dokumentationsverpflichtungen gegenüber dem Kunden achten sollte, welche Bedeutung dem Gerichtsstand beizumessen ist oder wo der vertragliche Teufel im Detail beim Einsatz von Subunternehmern liegt. Um auch nach der Unterschrift abends ruhig zu schlafen!

224 Seiten
Softcover
16,99 € (D) | 17,50 € (A)
ISBN 978-3-86881-676-1

www.redline-verlag.de

REDLINE | VERLAG